악의
마음을
읽는 자들

악의
마음을
읽는　자들

/\/\/\/\/\/\/\/\/\/\/\/\/\/\/\/\/\/\/\/

국내 최초 프로파일러의 연쇄살인 추적기

권일용
X
고나무

서문

괴물을 쫓는 사람들

/\\/

고나무

　이 글은 프로파일링 팀 전체가 주인공인 전기다. 이 전기를 쓸 때 목표는 두 가지였다. 첫째로 프로파일러라는 직업의 심리적 측면을 보여주고 싶었다. 프로파일링의 본질은 '범인을 잡고 범죄를 막는 것'이다. 다만 그 작업에 심리학적 수단과 연구 결과를 이용할 뿐이다. 프로파일러는 경찰 같은 심리학자가 아니라 심리학자 같은 경찰이다. 에프비아이FBI* 프로파일러 존 더글러스John E. Douglas 의 회고록 제목은《마인드헌터Mindhunter》다. 연쇄살인범은 약자의 심리를 이용해 범죄를 저지르는 사냥꾼이다. 프로파일러는 심리를 이용해 '마음 사냥꾼'을 사냥하는 사람이다.

　연쇄살인범 유영철의 시시티브이CCTV 화면 에피소드나 강호순의 에쿠스 에피소드를 깊이 분석한 이유가 여기에 있다. 권일용 전 경정이 벌인 심리 싸움의 실체는 범행 당시나 이후나 언론 보도

＊　Federal Bureau of Investigation, 미국연방수사국.

에는 나오지 않는다. 잔혹한 범행 방식은 이미 알려질 대로 알려졌다. 그것은 이 전기가 차별화할 지점이 아니다.

둘째로 새로운 방식을 관철시키는 과정을 보여주려 했다. 대중은 어느 순간 권 전 경정의 등장을 당연하게 받아들였다. 하지만 그럴 리가 있나. 경찰처럼 보수적인 거대한 공무원 조직에 없던 직제가 생기고 거기에 예산과 사람을 투입하는 일은 결코 그냥 벌어지지 않는다. 낡은 조직이 가장 싫어하는 것은 나쁜 방식보다 낯선 방식이 아닐까. 최초로 프로파일러 직제를 제안하고 관철시킨 윤외출 경무관과 권 전 경정, 그리고 그들과 함께했던 1기 공채 프로파일러들을 함께 기록해야 한다고 생각한 이유다. 윤외출, 권 전 경정, 1기 공채 프로파일러들은 새로운 수사 방식이 그저 미국 따라 하기가 아님을, 그것에 정말로 가치가 있음을 증명하기 위해 전력을 다했다. 그 과정에서 견제, 질투도 겪었다. 진부한 자기계발서의 어휘를 빌면, 이 전기는 혁신에 대한 이야기다.

이 목표를 달성하기 위해 권 전 경정을 추체험追體驗해보려 했다. 드라마틱한 전기에는 캐릭터, 행동, 장면이 들어 있어야 한다. 동서고금 매력적인 스토리가 공통적으로 가지고 있는 요소다. 다만 소설가는 캐릭터, 행동, 장면을 창조하고 전기 작가는 캐릭터, 행동, 장면을 취재한다. 권일용은 프로파일링에 대해 종종 '그화化되기'라 표현했다. 범인의 시각에 서본다는 의미다. 나는 '권일용되기'를 해보려 했다. 그가 2000년에 프로파일러로 발령받은 뒤 그의 책상에 꽂혀 있던 책 제목을 물었고 나도 같은 책을 따라 읽었다. 어린 시절 살았던 집, 부모, 꿈, 종교에 대해서도 물었다. 그가 수사할 때 답사했던 길을 따라 걷기도 했다. 권일용이 어떤 상황에 처했을 때 어떻게 대응하는 사람인지 미리 알아야 했다. 이것이 스토리텔링 교과서에 나오는, 캐릭터에 대한 일반적 설명임은 초보 작가도 안다.

시도했으나 실패한 취재가 있다. 권일용이 분석했던 범죄 사건의 피해자 몇 분과 접촉했으나 인터뷰를 하지 못했다. 범죄 피해자들에게 남은 마음의 상처는 긴 시간이 지난 지금도 낫지 않았다. 범죄로 인한 상처를 공개함으로써 다른 범죄를 예방한다는 공익성도 그 상처를 다시 헤집는 아픔보다는 작았다. 유영철, 강호순 인터뷰도 시도했으나 실패했다.

글쓰기 전략, 혹은 전략적 글쓰기 뒤에 더 큰 질문이 있다. 2013년 지존파 납치 생존자 여성을 인터뷰하면서 범죄 문제에 관심이 생긴 지 5년째다. 그 기간 줄곧 스스로에게 '세상은 왜 이해하기 어려운가'라고 자문했다. 그 질문을 조금 더 구체화하면 '왜 2000년대 한국에 공감능력을 상실한 새로운 인간종이 태어났는가'라는 질문이 된다. 이 작가로서의 질문은 '다섯 살배기 딸에게 세상을 어떻게 설명해줘야 하나'라는 생활인으로서의 질문과 닿아 있다. 나는 그 답을 찾는 대신, 그 답을 찾는 사람의 삶을 좇았다.

차례

프롤로그

/\\/\\/\\/\\/\\/\\/\\/\\/\\/\\/\\/\\/\\/\\/\\/\\/\\/\\/

형사는 조심스럽게 메모지를 들어 올렸다. 두툼한 손에는 장갑을 끼고 있었다. 범죄 증거에 경찰의 지문이 찍히는 것은 치욕스러운 일이다. 일본에서 제작된 지문감식 키트 뚜껑을 열었다. 키트는 지문 채취용 붓과 분말로 구성되어 있다. 형사는 채취 분말을 메모지에 묻힌 뒤 붓으로 쓸기 시작했다. 강간 사건이 벌어진 현장이었다. 강간범은 영리했다. 다른 증거를 남기지 않았다. 현장에 남은 것은 메모지뿐이었다. 강간범의 지문을 채취하지 못하면, 추적할 다른 방법이 없었다. 때는 1990년대 중반이었다. 시시티브이가 아직 보급되기 전이었다.

형사는 1989년 경찰종합학교를 졸업한 다른 160기 형사기동대 순경 공채 동기들과는 좀 달랐다. 경찰학교 졸업 성적은 그다지 좋지 않았다. 1990년대 초 노태우 정부가 범죄와의 전쟁을 선포했다. 무술과 체력에 자신이 있었던 형사는 조직폭력배를 잡으러 다녔다. 옛날 경찰 선배들처럼, 터프하게 몸으로 범인들을 잡았다. 형사가 지문감식 교육을 처음 받은 것은 1993년 7월이었다. 주먹이 아니라 붓으로 범인을 잡을 수 있다는 사실에 재미를 느꼈다. 수표에 묻은 지문을 채취할 때 다리미로 다리면 결과가 더 좋다는 노하우도 스스로 터득했다.

형사는 분말 묻힌 메모지를 붓으로 마저 쓸었다. 그가 교육받은 대로 제대로 했다면, 손가락 땀구멍의 특징이 포착되었을 것이다. 형사는 채취한 지문의 접사 사진을 찍어 경찰청에 보냈다. 법률에 따라, 당시 경찰청은 수사의 대상이 된 전력이 있는 피의자 및 전과자의 지문을 마이크로필름으로 만들어 보관하고 있었다.

그러나 아직 인터넷과 디지털 데이터베이스가 없던 시절이었다. 형사가 보내온 지문을 경찰청 직원이 마이크로필름과 일일이 대조해야 했다. 다행히 일치하는 지문을 발견했다. 경찰은 강간범을 체포해 여죄를 추궁했다. 30여 건의 다른 강간 및 성추행 전력이 있음이 밝혀졌다. 강간범은 추가로 처벌받았다. 그해 전국 일선 경찰서의 지문감식 사례 가운데 최고의 실적이었다. 권일용은 기분이 좋았다. "일용아, 이제 그만 좀 올려라." 경찰청 지문 조회 담당이 짐짓 투덜거리는 척 말해도, 기분이 좋았다.

감식과 과학수사에 매료된 경찰이 한 명 더 있었다. 신문방송학을 전공하기를 희망하는 마산의 한 학생이었다. 그는 기자나 방송 피디가 되고 싶었다. 없던 것을 창조하는 직업이라고 생각했다. 그러나 가난이 발목을 잡았다. 결국 학비가 공짜인 경찰대학에 1983년, 3기로 입학했다. 그는 경찰대 동기 가운데서도 손꼽히는 독서광이었다. 앨빈 토플러Alvin Toffler 같은 미래학자의 서적도 즐겨 읽었다. 그는 한국의 경제 발전 전망과 미국의 사회 변화를 비교하고, 한국에서도 곧 연쇄살인 사건이 벌어질 것이라고 예측했다. 에 프비아이의 수사관 존 더글러스가 논픽션 작가 마크 올셰이커Mark Olshaker와 함께 쓴 수사 회고록《마인드헌터》가 시야를 터주었다. 존 더글러스는 프로파일링의 개념과 활동 체계를 세계 최초로 정립한 프로파일러로, 동명의 드라마와 영화 등의 실제 모델이다. 미국 프로파일러들 사이에서는 '대부'로 통했다.

독서광 경찰의 이름은 한번 들으면 잊기 어려웠다. 윤외출이라는 흔치 않은 이름이었다. 외출. '외가에서 태어났다'는 뜻이다. 이름이 특이하다는 말을 종종 들었다. 그러나 윤외출을 아는 사람은 이름보다 그의 사고방식이 더 독특하다는 걸 안다. 윤외출은 1990년 중반에 서울지방경찰청 감식계로 발령받았다.

경찰대학은 경찰 간부를 육성하기 위한 특수 목적으로 설립된 대학이다. 사관학교와 마찬가지로 경찰대 졸업생은 20대에 경위로 임관한다. 경위는 파출소장에 해당하는 고위직이다. 경찰대 3기 동기들이 승진 시험이나 사법 고시 공부에 몰두할 때, 윤외출은 당시 상급자였던 감식대장으로부터 감식과 과학수사의 재미를 배웠다. 그 뒤로 8년 넘게 감식반 근무를 했다. 동기들은 결코 그런 식으로 경력 관리를 하지 않았다. 그런 까닭에 윤외출은 경찰대 동기들보다 경정 승진이 4, 5년 늦어졌다. 경찰대학 졸업 후 경위로 임관하고 1993년에 경감으로 승진한 뒤, 8년 넘게 같은 계급에 머무른 것이다.

윤외출은 재미없는 승진보다 재미있는 업무를 택했다. 과학수사에 미친 경찰이 한 명쯤 있는 것도 나쁘지 않다고 생각했다. 과학수사를 통해 억울하게 누명을 쓰는 사람이 생기는 일을 줄일 수 있다는 걸 감식계에 근무하면서 확인했다. 1990년대 초 젊은 여성이 여관에서 목 졸려 숨진 채 발견됐다. 같이 투숙했던 남자친구인 현직 경찰관이 범인으로 지목되었다. 그는 혐의를 부인했다. 현장 보존이 되지 않은 탓에 사망 시간 측정에 오류가 있었다. 그 결과 유죄판결이 내려졌다. 남자친구가 복역하던 도중에 진범이 잡혔다. 윤외출은 이 사건을 지켜보며 체계적인 과학수사의 중요성을 절감했다. 다른 이유도 있었다. 한때 피디를 지망했던 윤외출의 마음을 사로잡은 것은 과학수사가 기존의 방식과 다른 새로운 수사 방식이라는 점이었다.

윤외출은 1997년 서울지방경찰청 감식계장이 되었다. 그는 '감식계'라는 직제 명칭을 '과학수사계'로 바꾸자고 건의했다. 아울러 전국 일선 경찰서에 '과학수사팀'을 만들자고 경찰청에 제안했다. 그때까지 경찰은 CSI, 즉 '범죄현장수사Crime Scene Investigation'라는 용어를 쓰지 않았다. 수십 년 동안 '감식鑑識'이라는 말을 썼다. '감식요원' '감식반' 같은 말에 쓰이는 것처럼 지문, 필적, 혈흔 등을 조사하는 작업에 국한된 용어였다. 반면에 '과학수사'는 감식은 물론, 범죄 현장의 모든 증거를 분석하고 범인상을 추정하는 크리미널 프로파일링을 포함한 개념이었다.

윤외출은 거기서 멈추지 않았다. 2000년 1월 서울지방경찰청 과학수사계에 '범죄분석팀'이라는 이름으로 사상 첫 프로파일

악의 마음을 읽는 자들

러 직제를 만들었다. 새로운 실험에 대한 경찰 조직 내부의 반발을 의식해 직제에 '프로파일링'이나 '행동과학팀'이라는 단어를 쓰지 않고 범죄분석팀이라는 모호한 이름을 사용한 것이었다.

돈키호테는 혼자 싸울 수는 있어도 혼자 승리할 수는 없다. 범죄의 미래를 예상한 당시 강희락 서울지방경찰청 형사과장 등이 '돈키호테' 윤외출의 아이디어에 힘을 실어주었다. 직제 개편은 본청인 경찰청에서 먼저 시작하는 게 통상의 관례인데, 하위 지방청인 서울지방경찰청이 신설 직제를 만드는 모험적인 실험을 하게끔 허락한 것이다. 실험에는 돈과 사람이 드는 법이다. 공무원 조직 간의 경쟁, 사내 정치, 견제 따위는 바로 그 돈과 사람의 배분을 두고 벌어진다.

윤외출은 1999년 말에 동부경찰서의 다혈질 지문감식요원을 눈여겨봐두었다. 그가 메모지의 지문을 채취해 강간범을 잡아낸 것도 알고 있었다. 미국의 범죄심리학자 브렌트 터비Brent E. Turvey는 "좋은 범죄 수사관이 좋은 범죄 프로파일러가 될 가능성이 높다"고 자신의 책에 쓴 적이 있다. 권일용에게 없는 것은 심리학 석사 학위였고, 그가 가진 것은 과학수사에 대한 흥미와 현장을 발로 뛰는 에너지였다.

다혈질의 감식요원이 막 신설된 서울지방경찰청 과학수사계장의 전화를 받은 것은 1999년 겨울의 어느 날이었다. 그해 초 서울지방경찰청은 전국 경찰 최초로 수십 년간 사용해왔던 '감식계'라는 이름을 '과학수사계'로 바꾸었다. 권일용은 1996년에 몇 차례 마주친 적이 있는 경찰대학 출신의 선배를 기억하고 있었다. 그러나 "선배"라는 호칭으로 부를 만큼 두 사람의 사이가 가깝지는 않았다. 두 사람이 기억하는 대화는 다음과 같다.

"서울청 과수계장 윤외출입니다."

"네, 잘 지내셨어요?"

"권 경장을 몇 년간 유심히 보니, 나이도 젊은데 지문감식에서 계속 실적이 나온 걸 압니다. 현장을 보는 눈도 있고요."

"네, 그런데요?"

"범죄자의 특성이나 심리를 분석하는 프로파일링이라는 작업이 있는데, 서울청에서 저랑 같이해보지 않을래요?"

"예? 저 영어 못하는데요?"

권일용은 거절했다. '크리미널 프로파일링criminal profiling'이라는 말이 생소했다. 영어를 잘하지도 못했다. 일선에서 하는 지문감식 작업에 재미도 붙인 참이었다. 그리고 다른 순경 공채 동기들처럼 승진 시험 준비를 해볼 생각이었다. 인사고과를 생각하며 부서 이동 과정도 상상해보았다.

그러나 윤외출과 통화한 뒤, 손톱 밑에 가시가 박힌 것같이 한마디가 머릿속에 계속 맴돌았다. "미래를 봐야 한다"는 말이었다. 권일용은 한 달 동안 고민한 끝에 전화기를 들었다. 윤외출에게 해보겠다고 말했다. 조만간 미국처럼 연쇄살인 사건 등과 같은 무차별 범죄가 더 많아질 것이다. 그리고 이런 범죄를 다룰 범죄심리 전문가가 경찰 내부에 필요해질 것이다. 윤외출은 반색하며 권일용에게 자세한 내용을 설명했다.

'돈키호테' 윤외출은 또 다른 돈키호테를 2000년 2월 9일 한국 경찰 최초의 프로파일러로 인사 발령했다.

이 실화는, 이 돈키호테들이 어떻게 한국 최초의 프로파일링 팀을 만들고 그들이 범죄자를 추적하는 과정에서 어떻게 성장했는지에 대한 이야기다. 어느 논픽션 작가의 표현을 빌리자면 이 실화는 권일용과 윤외출이라는 인물에 대한 전기가 아니라, 새로운 방식을 도입하고 관철시킨 그들의 태도에 대한 전기다.

1

대한민국 1호 프로파일링 보고서

살인자의 마음속으로 들어가라.

브렌트 터비, 《크리미널 프로파일링—행동 증거 분석 입문

Criminal Profiling: An Introduction to Behavioral Evidence Analysis》[*]

[*] Brent E. Turvey, Academic Press, 2002.

봄날이었다. 2001년 5월 10일, 낮 최고기온이 21도까지 올라
갔다. 서울 성동구 중랑천 둑길 놀이터는 오후 6시에도 날이 좋았
다. 중랑천 상류 근처는 저지대다. 예부터 홍수 때 범람이 잦았다.
1990년대 말 여름 수해를 입은 주민들이 국가를 상대로 손해배상
청구 소송을 내기도 했다. 그러나 하류인 군자교 근처는 아름답기
로 유명한 곳이었다. 2001년경에도 봄이면 꽃이 많이 피었다.

그날, 네 살 지연(가명)이는 주변의 다른 주민들처럼 아버지,
오빠와 산책을 나왔다. 목요일 오후였지만 사람이 많았다. 잠시 아
버지가 지연이에게서 눈을 뗐고, 여섯 살 오빠는 또래 친구들과 놀
았다. 지연이는 아버지, 오빠와 떨어져 혼자 놀았다. 그때 어떤 곱
슬머리 남자가 다가왔다. "아저씨가 아이스크림 사줄까?"

왼손에 손가락 두 개가 없는 남자는 중랑천 산책로에서 50미
터 떨어진 군자교 근처 주택가 슈퍼에서 지연이에게 아이스크림
을 사줬다. 그리고 그곳에서 50미터 거리에 있는 자신의 집으로 아

이를 데려갔다. 현관과 창문을 분간하기 어려울 만큼 작은 집이었다. 그날 그 시간 이후 아빠와 오빠는 지연이의 행방을 알 수 없었다. 밤새워 찾았으나, 결국 파출소에 미아 신고를 했다.

5월 19일 오전 8시경, 60대 고물 수집상이 군자교 근처 주택가 골목을 걷고 있었다. 지연이가 실종된 장소에서 도보로 5분 거리였다. 토요일이었고, 노인은 언제나처럼 폐품을 찾았다. 그러다 골목에서 등산용 배낭을 발견했다. 배낭 안에 담긴 것은 폐품이 아니었다. 어린이의 머리와 팔다리가 잘린 채 뒤엉켜 있었다. 발에는 발가락이 없었다.

놀란 노인은 경찰에 신고했다. 동부경찰서 서장과 형사과장 등이 오전에 현장에 도착해 노란색 폴리스라인을 치는 등 초동수사를 했다. '초동수사'는 범죄 현장에 출동한 경찰이 행하는 긴급조치다. 배낭 속 토막 난 시신이 일주일 전 실종된 지연이라는 사실을 확인하는 데는 그리 오랜 시간이 걸리지 않았다. 보통 신원이 불명확한 변사체는 검시檢屍와 디엔에이DNA 분석을 통해 신원을 확인한다. 그러나 지연이의 경우 굳이 디엔에이 분석을 할 필요가 없었다. 아이의 아버지가 시신의 얼굴을 직접 확인한 것이다.

지연이 사건은 곧바로 언론의 주목을 받았다. 일요일인 20일, 동부경찰서 기자실은 북적거렸다. 대중은 1990년대 중반 이후 무차별 살인과 연쇄살인을 잇달아 경험하고 있었다. 선진국형 범죄에 대한 공포가 갈수록 커져갔다. 편안한 주말 근무를 예상하고 출근했던 기자들은 이날 동부경찰서에서 진땀을 빼며 기사를 썼다. 같은 날 저녁 KBS는 "여아 토막 살해 사건을 수사하고 있는 서울

동부경찰서는 정신병력이 있는 사람의 짓일 가능성이 높은 것으로 보고 수사력을 모으고 있습니다"라고 보도했다. 한 종합 일간지는 다음 날 "돈을 요구하는 협박 전화가 없었던 점 등에 비춰 정신병자의 소행일 가능성"이 있다고 보도했다.

서울 종로구에 소재한 서울지방경찰청 본관 3층에 과학수사계 범죄분석팀 사무실이 있었다. 권일용 경사가 회의 소집을 받은 것은 지연이 사건 보도가 나고 3일쯤 지난 뒤였다. 사체 발견 뒤 동부경찰서에 수사본부가 설치됐다. 상위 기관인 서울지방경찰청도 수사를 지원했다. 그때까지 동부경찰서는 아직 수사 방향을 잡지 못하고 있었다.

서울지방경찰청 사무실에 여러 남자들이 둘러앉았다. 서울지방경찰청 형사과장과 강력계장이 있었고, 한편에 현장감식반장과 권일용이 있었다. 현장 수사를 맡은 동부경찰서 형사들도 있었다. 이들은 '범인이 누구이며, 왜 이런 짓을 저질렀나'라는 어려운 퍼즐을 함께 풀어야 했다. 회의실에 흐르는 긴장감은 꼭 지연이 사건의 잔혹함 때문만은 아니었다. 이날 권일용이 느낀 또 다른 긴장감을 다른 참석자들은 거의 의식하지 못했다. 긴장감은 전통적 수사 방식과 새로운 수사 방식의 만남 가운데 생겨났다. 과학수사계 범죄분석팀 요원 권일용이 곧 새로운 수사 방식을 상징했다. 그러나 이날 회의에 참석한 나이 많은 형사와 경찰들에게는 여전히 '과학수사'라는 단어가 낯설었다. 보통 살인의 동기는 둘 중 하나로 간주되었다. 원한이나 이해관계. 따라서 통상적으로 수사할 용의자도 이 두 가지 이유와 관련이 있는 사람, 보통 피해자의 지인 가운데서 추리게 마련이었다.

2001년 당시 서울지방경찰청에 소속된 2만 4,000여 명의 경찰관 가운데 권일용은 유일무이한 보직을 맡은 이였다. 아니, 당시 전국의 9만 600여 명 경찰관 가운데에서도 그 보직을 맡은 사람은 권일용 한 사람뿐이었다. 2000년 1월, 권일용 등 네 명이 처음 만들어진 서울지방경찰청 과학수사계 범죄분석팀으로 발령받았다. 이 중 세 명은 범죄 통계를 분석하는 요원이었다. 오직 '1호 프로파일러' 권일용만이 현재 대중들이 '크리미널 프로파일링'이라고 부르는 '범인상 추정' 작업을 담당했다. 크리미널 프로파일링은 범죄 현장의 법과학적 조사를 토대로 범인의 성격, 심리, 지능, 직업, 특징 등을 추정해 피의자군을 좁혀 수사에 도움을 주는 기법이다.

경찰 직제에 과학수사라는 말이 사용되기 시작한 것은 그로부터 불과 2년 전인 1999년부터다. 일선 경찰들에게 과학수사라는 용어는 낯설었고, '범인의 성격과 특징을 분석하는 것이 수사에 도움이 된다'는 개념은 더욱 낯설었다. 권일용과 당시 서울지방경찰청 과학수사실장이었던 이동환은 이 새로운 개념과 기법의 효용성을 증명해야 했다.

이날 회의 후 권일용은 퍼즐을 현장 수사팀보다 먼저 풀어야 했다. 그것도 무대 위에서 바둑을 두는 것처럼, 동료들의 시선을 받으며. 권일용이 현장 수사팀과 국립과학수사연구소*의 부검 결과를 통해 얻어낸 사실의 조각들은 대략 다음과 같았다.

---

* 현 국립과학수사연구원. 줄여서 '국과수'로 부르기도 한다.

악의 마음을 읽는 자들

— 시체는 냉동 후 절단됐음

— 시체의 절단면 끝이 거침

— 시체를 담은 검정 비닐 봉투

— 실종 장소와 시간대

— 토막 시신이 유기된 추정 시간

— 시체가 담긴 모양 사진

사무실에서 권일용은 이 팩트의 조각들에 대해 여러 번 생각했다. 생각이 막힐 때면 밑줄을 그으며 읽었던 외국 프로파일러들의 저서를 다시 뒤적이곤 했다. 전설적인 프로파일러 존 더글러스의 수사 회고록《마인드헌터》와 그가 쓴 프로파일링 매뉴얼인《범죄 분류 매뉴얼Crime Classification Manual: A Standard System for Investigating and Classifying Violent Crimes》*, 미국 학자 브렌트 터비의《크리미널 프로파일링—행동 증거 분석 입문》은 여기저기 손때가 묻어 있었다. '지연이를 죽인 범인을 잡아야 한다.' 권일용의 머릿속에서 이 생각이 떠나지 않았다.

프로파일러는 사냥개 없이 동물을 쫓는 사냥꾼과 같다. 현장에 남은 작은 사실의 조각만으로 동물이 간 방향을 추정해야 한다. 권일용은 매일 지연이의 시신이 발견된 현장 사진을 수십 번씩 바라봤다. 폭이 3미터쯤 되는 좁은 골목, 성인 남성 가슴 높이의 낮은 담

---

*   John E. Douglas; Ann W. Burgess; Allen G. Burgess; Robert K. Ressler, Jossey-Bass, 2006.

장, 붉은 벽돌, 검은 철제 대문. 대문에는 이삿짐센터 홍보물 등 전단지 스티커가 붙어 있었다. 그리고 그 대문 옆에 놓인 검은 가방. 마치 매직아이라도 응시하듯 권일용은 매일 그 사진을 쳐다보았다.

'왜 납치했을까?'

'왜 시체를 토막 냈을까?'

'범인은 어떤 특징을 가진 사람인가?'

정신과 의사의 목표는 치료이고, 프로파일러의 목표는 수사다. 드라마나 영화는 종종 프로파일러를 범죄 현장을 보지도 않고 범인을 맞히는 천재 심리학자나 심령술사 같은 이미지로 다룬다. 그러나 1970년대 미국에서 프로파일링이 탄생한 이유는 수사를 돕기 위함이었다. 범인의 개인적, 심리적 '프로필(특징)'을 추정하여 수사 대상 피의자나 탐색 지역을 좁히는 작업이 프로파일링의 본질이다.

권일용은 프로파일링의 가치와 효용성을 빨리 입증하고 싶었다. 책임감과 부담감이 따랐다. 지연이 부모를 위해 범인을 잡아야 한다는 책임감이 있었고, 일선 형사들에게 프로파일링의 가치를 증명해야 한다는 부담감도 있었다. '프로파일러인 내가 수사팀에 방향을 제시해야 한다'고 자주 되뇌었다. '범인은 누구인가.' 권일용은 1년간 달달 외울 정도로 읽었던 프로파일링 교과서 구절들을 계속 떠올렸다.

한편 현장 수사팀은 권일용과는 다른 압박감을 느꼈다. 지연이 사건이 언론에 보도되자 전 국민의 주목을 받았다. 서울지방경찰청 기자실에 각 언론사 사회부의 '캡'들이 모였다. 캡은 사회부 현장 반장을 의미하는 '캡틴'의 줄임말이다. 언론사의 캡들은 매일 수사 성과와 진행 상황을 알려달라며 경찰을 추궁했다. 각 언론은 경쟁적으로 수사 현황을 중계 보도했다.

수사팀은 서로 다른 갈래의 수사를 동시에 진행했다. 지연이 부모에게 원한이 있을 만한 사람, 인근에서 확인된 정신 질환자, 정육점 등 기계톱을 보유한 업소 근무자, 성범죄 또는 어린이 대상 범죄 전과자 등 여러 집단을 추적했다. 거기서 그치지 않고 실종 장소 인근의 주택가를 돌며 현관이 눈에 띄는 집을 일일이 방문했다.

마침내 동부경찰서와 서울지방경찰청 감식반이 중요한 단서를 찾아냈다. 베테랑 감식반장 박상선이 감식을 주도했다. 냉동된 지연이 시체의 등 부분에서 일정한 간격으로 가늘고 긴 눌린 흔적이 열 개쯤 발견되었다. 냉동실 바닥의 요철 부분에 눌린 자국이었다. 경찰은 그 '줄 간격' 자료를 들고 냉장고 제조사는 물론 지역의 고물상까지 찾아다니며 간격이 일치하는 제품을 탐문했다. 박상선 서울지방경찰청 현장감식반장의 아이디어였다.

경찰은 기어이 줄 간격이 일치하는 냉장고 모델과 연식을 찾아냈다. 1980년대 후반 생산된 모델이었다. 이것은 권일용에게도 중요한 단서였다.

그러던 중 5월 21일 낮, 권일용은 급한 연락을 받았다. 경기지방경찰청이었다. 수원시의 한 여관에서 "아이 시신 일부가 있다"는 신고가 들어왔다는 소식이었다.

방에 있던 손님이 사라진 후 변기에서 물이 넘쳐흐르는 소리가 들려 직원이 변기를 열어보니 무언가가 변기를 막고 있었다. 변기에서 나온 것은 어린아이의 시신 일부였다. 놀란 여관 주인은 즉시 경찰에 신고했다.

지연이 사건 내용은 경기지방경찰청에도 이미 전달된 상태였다. 경기지방경찰청은 발견된 아이 시신이 지연이 사건과 관련이 있다고 생각해 담당 수사팀에 통지한 것이었다. 동부경찰서 수사팀은 물론, 서울지방경찰청 3층 범죄분석팀 사무실에 있던 권일용도 차에 올랐다. 권일용은 당시를 "사이렌을 울리면서 88도로(올림픽대로)를 달리는데 파도가 갈라지듯 차들이 길을 비켜줬다"고 떠올렸다. 박상선 서울지방경찰청 현장감식반장, 동부경찰서 형사들 그리고 권일용이 여관 현장을 조사했다.

사회부 기자는 초년 시절 취재 현장을 드나드는 차 번호판까지 놓치지 않도록 교육받는다. 지연이 사건이 전국적 관심사가 된 마당에, 민완 기자가 출입 경찰서 형사들의 동태를 놓칠 리 없었다. 혹은 '빨대'로부터 여관 소식을 전해 들었을 수도 있다. 빨대란 정보원을 의미하는 언론계의 은어다. 기자 몇 명이 벌써 여관 주변을 서성거렸다.

권일용과 형사들은 여관방을 조사했다. 이불이 흐트러지지 않고 가지런하게 놓인 점이 형사들의 눈길을 끌었다. 현장감식반장 박상선이 말했다.

"일용아, 이놈 이상하지 않냐?"

"예, 이상합니다."

악의 마음을 읽는 자들

형사들은 방을 샅샅이 조사했다. 여관방 침대와 가구를 옆으로 옮겨 바닥과 옆면을 살폈다. 아니나 다를까, 침대 밑에서 아이의 상의가 나왔다. 아이의 옷은 단추가 모두 채워져 있고 지퍼도 잠긴 채였다. 발견 당시 상의는 가지런히 접혀 있는 상태였다. 권일용은 이런 세세한 점들을 놓치지 않고 형사수첩에 메모했다.

현장감식은 아직 끝난 게 아니었다. 여관 앞 폴리스라인 근처에 죽치고 있는 기자들을 피해야 했다. '팩트 사냥꾼들'에게 붙잡히면 질문 세례를 받아야 했다. 서울지방경찰청 현장감식반과 동부경찰서 형사들은 수거한 증거들을 세 개의 아이스박스에 나눠담고 기자들을 피해 현장을 빠져나갔다. 경찰은 수사에 방해가 되지 않는 선에서 수사 상황을 브리핑했다. 다음 날에도 어김없이 보도가 이어졌다.

지난 (5월) 19일 서울 송정동 주택가 골목에서 토막 난 시체로 발견됐던 ○○(4) 양의 신체 일부가 21일 경기 광주시 경안동 K여관에서 또다시 발견됐다. 여관 종업원 강 모(49, 여) 씨는 오전 9시쯤 여관 3층 309호 화장실 변기에 어린이의 사체 일부가 들어 있어 경찰에 신고했다고 밝혔다. 강 씨는 '21일 오전 7시쯤 30대 후반에서 40대 초반으로 보이는 노동자 차림의 남자가 이 방에 투숙했다'고 말했다.

〈국민일보〉 2001년 5월 22일 보도

프로파일러는 '경찰 같은 심리학자'보다 '심리학자 같은 경찰'에 가깝다. 범죄자의 행동을 설명하기 위해, 프로파일러는 범죄 현장에서 어떤 일이 벌어졌는지 알아야 한다. 범죄 현장 재구성은 매우 중요하다. 프로파일러 권일용이 경기도의 여관까지 동행한 이유가 여기에 있다.

목격자가 최초로 등장했지만 범인의 검거로 이어지지 않았다. 오히려 범인의 정체는 점점 더 흐릿해졌다. 아직 한국에서 범죄심리학이 학문적으로 체계화되기 전이었음에도 범죄심리학자를 자처하는 이들이 언론을 통해 팩트 없는 추정을 쏟아냈다. 정신병자의 행위, 지능범, 과시욕, 시체 훼손을 통한 메시지 전달 등등. 양립할 수 없는 추정이 동시에 제기됐다.

"데이터를 확보하기 전에 이론화하는 것은 심각한 잘못이다. 그러면 이론을 사실에 적용하기보다 이론에 끼워 맞추기 위해 사실을 왜곡하기 시작한다." 작가 코넌 도일Arthur Conan Doyle은 〈스캔들 인 보헤미아A Scandal in Bohemia〉*에서 이렇게 썼다. 정확히 이런 일이 벌어진 것이다.

하지만 권일용은 달랐다. 그는 현장에서 눈으로 확인한 사실에 기반을 두고 5월 22일경 범인상을 추정한 범죄분석 보고서를 수사본부에 제출했다. 보고서의 형식은 '팩트-팩트로부터 도출되는 추정'의 얼개를 갖추고 있었다. 대한민국 1호 프로파일러가 작성한, 사실상 한국 경찰 최초의 프로파일링이었다. 주요 내용은 다음과 같다.

---

*   56편의 셜록 홈스 단편 중 첫 번째 작품. 국내에는 〈보헤미아 스캔들〉〈보헤미아의 스캔들〉 등의 제목으로 알려져 있다.

최초 프로파일

✳ 냉동 후 사체 절단
→ 가정용 냉장고가 아니라 정육점 등의 중대형 냉장고 이용.
✳ 시체의 절단면
→ 절단 형태와 단면 등을 볼 때 냉동식품 등을 절단하는 일을 하
는 자로 판단.

✳ 시체를 담은 일곱 개의 검정 비닐 모두 깨끗하고, 포장 시 두
개의 비닐봉지를 사용
→ 보통 냉동 물건을 판매할 때 두 개의 비닐봉지에 담아 주는 행
태가 있음을 근거로 판단한다면, 직업적 습성이 무의식적인 행
동으로 나타난 것으로 볼 수 있어, 범인은 냉동 물건을 판매한 경
력이 있거나 현재 정육점, 생선 판매업소 등에서 일하고 있을 확
률이 높다.

✳ 시체 절단 경과 시간
→ 시체 절단에 장시간이 소요된 것으로 보아 가족 없이 혼자 생
활하거나 일하는 것으로 추정.

✳ 피의자 주거지 추정(범행 장소)
피해자를 납치한 장소는 지리 감각이 없는 사람은 찾기 어려운
장소임
→ 울거나 반항하는 피해자를 납치하여 먼 거리를 이동하지는 않
았을 것으로 보이고, 도보로 이용 가능한 가까운 장소로 판단된다.

✳ 시간대를 통한 분석

실종 시간대가 18:30경이고, 2차 토막 유기 시간이 07:00경이므로, 범인이 실종 시간 이전에 현장에 도착해 있었다면 일상적인 직장 생활을 하는 자로 볼 수 없으며, 회사원 또는 종업원보다 자영업자이거나 범행 당시 일일 노동자 또는 무직일 가능성이 높다.

✳ 피의자의 성격

시체를 무작위로 담은 것이 아니고 부위별로 질서 정연하게 담아놓았다. 여관에서 발견된 피해자의 상의 단추가 떨어진 것이 없고, 하의 지퍼가 잘 채워져 있다.

→ 범인의 성격은 깔끔한 편으로 추정되므로 주거지 등이 잘 정리되어 있고, 범행 시 사용한 칼 등도 집 안 아무 곳에나 놓여 있지 않고 잘 정리되어 있을 것이다.

✳ 성을 목적으로 성인이 아닌 어린 피해자를 납치하였다면,

→ 소아 강간 살인 피의자에게서 공통적으로 나타나는 특징인, 내성적이고 말주변이 없으며 성적인 콤플렉스(심한 조루나 발기부전)가 있는 자일 수 있다,

✳ 결론

피의자는 혼자 생활하지만 깔끔한 성격의 독거남이다.

— 집을 수색하면 정리 정돈이 잘되어 있고, 범행 도구 역시 잘 정리되어 있을 것이다.

— 범행 장소나 주거지는 실종 장소에서 피해자의 집 쪽으로 도

악의 마음을 읽는 자들

보 이용 가능한 장소일 수 있다.

— 납치, 성추행, 사체 절단, 유기 등의 행동으로 보아 연령대는 30대 중후반에서 40대 초반이고, 학력은 중퇴거나 중졸 정도다.

— 정육점, 생선 판매 등 냉동식품을 판매한 경력이 있거나 절단 관련 일을 하는 자일 수 있고, 한곳에 오래 근무하지 않고 자주 직장을 옮기는 자이다.

— 현재 직업은 정육점, 횟집, 식당 등을 혼자 운영하는 자이거나 종업원이라면 심야 근무 혹은 교대 근무를 하는 자로 추정되고, 범행 약 1개월 전후로 실직한 자일 수 있다.

— 전과가 있다면 폭력이나 사기 같은 대인 범죄보다는 절도 등의 범죄로 중고교 시절 처벌받은 경력이 있을 것이다.

— 성적 콤플렉스가 있는 자로, 경기도 광주 부근에서 일하였거나 거주한 적이 있으며 가까운 친구가 별로 없는 자이다.

권일용은 이 보고서를 수사팀에 건넸다. 당시에는 언론도 대중도 주목하지 않았지만, 최초의 프로파일링 보고서가 최초로 현장 수사팀에 전달된 순간이었다. 크리미널 프로파일링이라는 개념이 여전히 낯선 수사팀도 이 보고서 내용 일부를 수사에 참고하게 될 것이었다. 역사가 시작되는 순간이었다.

하지만 여전히 넘어야 할 문턱이 있었다. 당시 수사팀은 처음에 이 보고서를 그다지 주목하지 않은 것으로 전해진다. 그러나 권일용은 골방의 심리학자가 아니었다. 그는 순경 공채 출신의 형사였다. 프로파일링에 대해서 일선 형사들이 느낄 낯선 감정을 충분히 이해했다. 일선 형사들은 범인상을 추정해 용의자 집단을 좁힐 수 있다는 사실을 믿기 힘들어했다.

　권일용은 동부경찰서를 직접 찾아가 수사팀 형사들에게 보고서 내용을 구두로 설명했다. 동부경찰서는 권일용이 직전까지 근무했던 경찰서이기도 했다. 170센티미터 초반의 키에 짧은 헤어스타일, 두꺼운 삼두박근과 악력 강해 보이는 손을 가진 권일용은 현장 경찰들에게 쉽게 다가갔다.

　결국 수사팀은 '성범죄자' '독거獨居'라는 프로파일링 보고서 핵심 내용을 받아들인 것으로 알려진다. 훗날 권일용은 "내 보고서를 인정했다기보다 수사팀과 대화를 나누면서 의견을 직접 전달한 것이 더 큰 효과가 있었던 것 같습니다"라고 당시를 돌이켰다.

　일단 보고서를 받아들인 경찰은 수사에 속도를 냈다. 수사팀은 실종 장소 인근에 사는 성범죄 전과자 30여 명의 명단을 확보했다. 이들 중에 혼자 살면서 해당 모델 냉장고를 소유한 사람을 탐문했으나, 발견하지 못했다. 권일용의 프로파일링이 틀렸던 것일까. 수사팀 가운데 한 형사가 다른 방식으로 피의자군을 추렸다. 이번엔 성범죄 전과자 명단에서부터 시작해 지역 탐문을 해나가는 과정을 반대로 하는 방식을 시도했다. 동사무소에서 30~40대 독거 남성 120여 명의 명단을 확보해 역으로 이들의 전과 조회를 한 것이다. 미성년 성범죄 전과자가 네 명 나왔다. 앞서 경찰청에서 받았던 전과자 명단에 없는 이들이었다. 주소지 이전 신고 시점 차이로 벌어진 일이었다. 수사팀은 이 네 명의 집을 찾아갔고, 그중에서 유력한 한 곳을 찾아냈다.

서울지방경찰청의 권일용도 연락을 받고 바로 차에 올랐다. 사건 발생 초기 지역 탐문 때 형사들이 이 집을 지나친 이유가 있었다. 군자교 근처 다세대주택 골목에 있었고, 현관이 마치 낡은 창문처럼 작았다. "사람 사는 집 같지 않아서 형사들이 간과했던 거죠." 실종 장소에서 5분 거리였다.

　5월 28일 오전, 권일용과 수사팀 형사 몇 명이 현관을 두드렸다. 아무도 대답하지 않았다. 경찰은 집주인에게 부탁해 문을 열었다. 집 안에는 권일용과 서울지방경찰청 현장감식반 형사 두 명만 들어갔다. 나머지 형사들은 범인이 올 것을 대비해 근처에서 잠복했다. "집에 들어갔는데 느낌이 딱 왔어요. '아, 애가 여기서 죽었구나.' 냉장고를 열어보니까 낚시 가방이 있었고, 가방을 열어보니 여자아이 머리핀이 나왔어요." 권일용이 당시 상황을 떠올렸다.

　집 안 풍경은 권일용의 프로파일링과 놀라울 정도로 일치했다. 낡은 흰색 냉장고가 오른편에 있었다. 검은색 3단 가구함 위에는 TV가 놓여 있었다. 그 옆에는 접이식 상과 아이스박스가 있었다. 볼품없고 낡은 물건들이 가지런히 정리되어 있는 것이 권일용의 눈에 띄었다. 양말도 더러웠지만 가지런히 널린 채였다. 그곳에서 형사들은 칼과 톱을 발견했다.

　"저하고 함께 집에 들어온 형사 둘이 가장 가슴 아파했던 게 있습니다. 발견된 아이 시신에서 발가락이 다 잘려 있었어요. 그 집에서 다른 증거는 다 찾았는데 발가락을 못 찾았어요." 네 살에 죽은 지연이 사건을 해결하느라, 서른다섯 살의 프로파일러는 자신의 네 살짜리 딸을 며칠째 보지 못하고 있었다. "우리가 찾아보자." 권일용과 형사 두 명은 범인의 집이 있는 다세대주택 건물 하수로로 갔다. 아이 발가락을 찾으려 손으로 하수로를 파냈지만, 끝내 아무것도 찾지 못했다.

잠적한 피의자를 검거하는 데 조금 더 시간이 걸렸다. 피의자의 전 직장을 통해 수표를 추적하고 신용카드 사용 지역을 알아냈다. 5월 29일 오후 5시, 수사팀은 여관에 있던 조현길(가명)을 체포했다.

경찰은 피의자 신문 등을 통해 범행의 전모를 파악했다. 1998년 2월 미성년자 강제추행치상죄로 서울중앙지법에서 유죄판결을 받은 조현길은 2년 6개월간 교도소에서 징역을 살고 2000년 6월에 출소했다. 2001년 5월 9일 밤새 술을 마신 뒤 10일 오후 6시경 지연이를 납치했다. 가족에게 몸값으로 500만 원을 요구할 목적이었다. 지연이에게 집 전화번호를 물었으나 지연이가 말하지 않았다. 수면제를 억지로 먹여 아이를 강간하려 했지만 고통에 깨어난 아이가 소리를 질렀다. 조현길은 범죄가 발각될까 봐 두려워 지연이의 목을 졸랐다. 훗날 판결문에 의하면 그때 지연이는 조현길에게 "살려달라고 울면서 애원"했다.

경찰 조사 과정에서 권일용의 프로파일링이 실제 조현길의 특징과 거의 일치한다는 사실이 밝혀졌다. 범행 당시 조현길의 나이는 마흔 살 언저리였다. 초등학교만 겨우 다닌 조현길은 10대 중반에 상경해 육체노동을 주로 했다. 그 과정에서 생선 장사도 했다. 공장에서 일하다 손가락을 두 개 잃고 대인 관계에서 어려움을 겪었다. 특히 여성에 대한 자신감을 잃어서 정상적인 이성 관계를 맺지 못했고 성매매가 아니면 이성과 성관계도 갖지 못했다.

사건 초기 언론의 추정과 달리 조현길은 정신병자도 아니었고, '과시욕이 있는 뒤틀린 고학력자'도 아니었다. 1991년, 에프비아이의 프로파일링팀인 행동과학팀Behavioral Science Unit, BSU를 소재로 한 영화 〈양들의 침묵The Silence Of The Lambs〉이 한국에서 개봉했다. 영화 속 연쇄살인범 한니발 렉터는 교수였다. 그러나 조현길은 〈양들의 침묵〉의 한니발 렉터처럼 드라마틱하고 다면적인 문학적 괴물과는 거리가 멀었다.

언론도 앞다투어 검거 사실을 보도했지만 1호 프로파일러 권일용이 대한민국의 첫 범인상 추정 보고서를 만들고 이를 수사팀에 전달했다는 사실을 알아차린 기자는 없었다. 권일용의 프로파일링 보고서를 입수했다면 특종이 되었을 것이다.

서울 성동구 송정동 ○○양 토막 살해 사건을 수사해온 서울동부경찰서는 29일 오후 4시 45분경 성북구 하월곡동 한 여관에서 은신 중이던 ○○씨를 살인 및 사체 유기 혐의로 긴급 체포해 범행 일체를 자백받았다고 밝혔다. …(중략)… 경찰은 지난 19일 김 양의 주검이 발견된 이후 송정동 일대 6,000여 가구 5만여 명에 대한 대대적인 탐문 수사를 벌인 끝에 28일 오전 ○씨의 집에서 이런 증거물들을 확보해 ○씨를 추적했다고 밝혔다.

〈한겨레〉 2001년 5월 30일 보도

네 살 아이가 느꼈을 공포를 짐작하기란 쉽지 않다. 만 3세 이후 아이는 어른에 버금가는 다양한 정서를 형성하고 느낄 줄 알게 된다. 기쁨, 슬픔, 무서움을 느끼고 화를 내는 것은 물론, 자존심과 수치심을 알게 되는 것이다. 2세 유아는 남이 듣건 말건 신경 쓰지 않고 떠들지만, 4세 아이는 상대를 의식한 대화를 한다. '미운 네 살'이라는 표현처럼 자아가 생기고, 먹고 싶은 것이나 사고 싶은 것을 가리키며 떼를 쓰기도 한다. 아직 경계심이 없어 고작 아이스 크림을 사준다는 꼬임에 넘어가 낯선 어른을 따라나섰지만, 지연 이도 공포를 느끼고 표현할 줄 아는 평범한 네 살 아이였을 것이 다. 그 아이가 살려달라고 울면서 애원했음에도, 남자는 아이를 죽 였다. 조현길은 그날 밤 노숙을 했다.

조현길은 5월 11일 낮 12시부터 13일 오전 11시에 걸쳐 부엌 칼로 냉동된 아이의 시체를 훼손했다. 19일 오전 6시에 열세 개로 토막 낸 시체를 검은 비닐봉지에 싼 다음 등산용 배낭에 넣고 집을 나서 200미터 떨어진 주택가 담벼락에 버렸다. 한 시간 뒤 고물상 노인이 이를 발견했다.

조현길은 잡혔지만 권일용의 일은 끝나지 않았다. 냉혈한의 마음을 분석하는 작업이 남았다. 크리미널 프로파일링은 범인을 잡기 위해 실시한다. 그러나 체포 이후 범죄자 심리분석 보고서도 필요하다. 이들이 교도소에서 교화될 수 있는지, 다른 경범죄자들 과 교화 프로그램을 달리해야 하는 것인지, 재범 가능성은 없는지 등은 국가와 시민에게 중요한 문제였다. 권일용의 다음 보고서는 이 문제를 판단하는 자료가 될 것이었다. 이는 향후 유사한 범죄 수사에도 참고 자료가 된다.

권일용은 수사팀의 조사가 1차로 진행된 6월 5일 오전쯤 동부 경찰서 강력반 사무실로 갔다. 한국 프로파일러 1세대 세 명이 사무실에서 조현길을 마주했다.

　　부검 업무를 주로 맡아온 국립과학수사연구소에 범죄분석실이 있었다. 남들에 앞서 범죄심리를 공부해온 강덕지 과장은 한국에 '최면수사'*를 도입한 사람이다. 심리학을 전공한 함근수 실장도 범죄심리 연구의 선구자였다. 그들 두 명이 권일용과 함께 조현길 앞에 앉았다. 세 사람은 동굴 호수 아래로 잠수하는 다이버처럼 조현길의 어두운 마음속으로 들어가려 했다.

　　최고기온이 30도에 이르는 초여름 날씨에도 권일용은 일부러 검은 양복을 입었다. 2000년 2월 프로파일러로 발령받은 뒤 생긴 습관이다. 권일용은 피의자들이 점퍼를 입은 형사를 대할 때와 달리 양복을 입은 자신을 대할 때 진술 태도가 미묘하게 협조적으로 바뀐다는 점을 눈치챘다. 양복의 보수적인 이미지가 피의자들에게 신뢰감을 주기 때문인 듯했다.

　　권일용은 경찰이 되기 전에 여러 감정을 배웠다. 그 감정 가운데는 무력감도 있다. 또는 '어딘가에 몰린 느낌'이라 표현해도 될 듯하다. 경찰이 되기 전 10대와 20대 초반의 권일용은 과묵한 성격이었다. 경남 남해 바닷가에서 태어났지만 일찌감치 상경해 중학교와 고등학교를 서울에서 다녔다. 어머니가 모태신앙 가톨릭 신

＊　'법최면검사法催眠檢査'라고도 한다.

자여서 권일용도 자연스럽게 가톨릭 신자가 됐다. 물건 파는 일을 했던 어머니는 자상했고, 아버지는 엄했다. "종교는 제 청소년기에 인생에 대해 고민할 수 있게 해줬고, 방황하지 않게 이끌어주었죠. 그 시기 제가 종교에서 힘을 얻지 않았다면 아마도 굉장히 무력한 사람이 되었을 거예요. 범죄자가 됐을지도 모릅니다."

권일용의 세례명은 알로이시오다. 알로이시오Aloysius Gonzaga는 16세기 이탈리아의 수도사로, 흑사병 환자들을 돌보다 죽었다. 물론 권일용이 훗날 '정신의 흑사병' 같은 무차별 범죄를 다루는 직업을 택할 것이라 예상하고 세례명을 받은 것은 아니다.

10대 때 권일용이 느낀 무력감은 상당 부분 가난에서 왔다. 중학교 때 아버지 사업이 몰락했다. 아버지는 자존심이 강했고 엄했다. '무엇을 하든 어디에 있든 꼭 필요한 사람이 되라'가 가훈이었다. 어린 시절 어떤 결핍을 겪은 사람은 성장해서도 그 결핍을 채워주는 것에 집착한다. 가난을 겪은 사람은 돈에 민감해진다. 그러나 10대의 권일용은 오히려 그 반대였다. "가진 것 없이 남을 위해서 뭔가 할 수 있는 성직이 매력적이었어요. 성직자가 자기 것을 다 버리고 남을 위해서 기도하며 삶을 희생하는 모습이 굉장히 좋아 보였어요."

그러나 2대 독자인 아버지가 성직을 택하는 것을 반대했다. 권일용은 장남이었다. 2대 독자의 장남이 신부가 될 수는 없다고 했다. 권일용은 대학에 갈 만큼 머리가 좋고 공부를 잘했으나 돈이 없었다. 고등학교를 졸업했으나 막막했다. "꿈도 없고 희망도 없었습니다."

고등학교를 막 졸업한 1980년대 중반 어느 봄, 강원도 횡성의 도로포장 공사 현장에서 두 달간 막노동 아르바이트를 했다. 당시에는 공중전화나 유선전화가 없는 장소에 있는 사람에게 연락할 만한 수단이 없었다. 어느 날 공사장 현장 사무소에 있는 스피커에서 안내 방송이 나왔다. "권일용 씨, 서울에서 전화 왔습니다." 입대 영장이 나왔다고 어머니가 알려주었다. 권일용은 두 달간 막노동으로 번 돈을 몇 달치 월세와 어머니 약값으로 전부 가족에게 건네고 입대했다.

　　1980년대 중반 여름, 권일용은 전투경찰로 차출됐다. 평생 맞을 매를 내무반에서 맞았다. 시위 진압을 하면서 길에서 먹고 잤다. 시위대가 던진 돌에 많이 맞았다. 화염병에 맞은 동료들 옷에 붙은 불을 끄는 일도 부지기수였다. 권일용을 힘들게 한 것은 돌멩이의 물리적 무게가 아니었다. 자신의 신념과 무관한 이런 군 복무가 도피 불가능한 절대적 상황이라는 사실이었다. "그런 것들을 겪고 나니까 뭐랄까, 저한테는 청춘이 끔찍한 생존이었습니다."

　　1980년대 중후반 고교 졸업자 60만~70만 명 가운데 전문대학을 포함한 대학 진학률은 30.5퍼센트에 지나지 않았다. 경찰이 되기 전 청년 권일용에게 세상은 '버티고 살아남아야 하는 곳'이었다. "프로파일링을 하면서 범죄자들을 만나보니 그들의 삶도 어떤 의미에서 치열했더라고요. 범죄자들에게 공감하진 못했지만, 이해는 할 수 있었어요."

　　1989년 5월 순경 공채에 합격했다. 형사기동대 채용이었다. 1,700여 명의 경찰종합학교 160기 동기들과 함께 형사소송법의 기초, 체포술과 사격 등을 배웠다. 매달 교육비로 9,500원을 지급받았다. 당시에는 소주 한 병에 450원쯤 했다. 몰래 소주를 사 와 마시다가 걸리면 얼차려를 받기도 했지만, 권일용은 그냥 웃어넘겼다.

노태우 대통령이 범죄와의 전쟁을 선포한 1990년, 권일용은 서울지방경찰청 형사기동대에서 일했다. 점퍼와 운동화가 근무복이나 마찬가지였다. 강력범죄자, 조직폭력배를 체포하러 다녔고 한밤중에 서울 청량리나 미아리 집창촌 주위를 순찰했다. 몸으로 수사했고 몸으로 체포했다.

1992년 7월 동부경찰서 관할 파출소로 발령받았다. 점퍼를 입고 운동화를 신는 대신에 경찰이 되고 나서 처음으로 경찰 제복을 입게 됐다고, 권일용은 즐거워했다. 하루는 시장에서 신고가 들어왔다. 낮술을 거하게 마신 생선 장수 두 명이 말싸움 끝에 생선을 찍어 걸어두는 갈고리를 들고 대치하고 있었다. 20대 중반의 젊은 순경이 "동작 그만!"이라고 외쳤다. 생선 장수 중 한 명이 "넌 뭐야, 이 자식아"라며 들고 있던 갈고리를 권일용의 목에 갖다 댔다. "'총을 빼서 쏴야 되나?' 오만 가지 생각이 들었어요." 주위에 몰려온 시장 상인들이 생선 장수들을 설득했고 그제야 생선 장수는 갈고리를 내려놨다. 권일용은 폭력이 오가는 현장에서 빈번히 긴장감을 느꼈다. 공포, 분노, 긴장. 권일용이 형사로서 경험한 마음공부는 대체로 이런 부정적 정서였다.

그는 1994년 10월 21일을 잊지 못한다. 경찰의 날인 이날 동부경찰서장으로부터 표창을 받을 예정이었다. 그런데 갑자기 행사가 취소됐다는 연락을 받았다. 이날 아침 7시 40분에 성수대교가 붕괴한 것이었다. 총길이가 1,160미터에 이르는 다리에서 48미터 길이의 구간이 갑자기 끊어졌다. 다리 위를 달리던 버스 등 차량 여섯 대가 추락했다. 성수대교는 동부경찰서 관할 지역이었다. 양복을 입고 나가려던 권일용은 다시 점퍼로 갈아입고, 늘 들고 다니던 미놀타 카메라를 집어 들었다. 동부경찰서에서 감식요원은 권일용 단 한 명이었다. 파출소에서 근무하다 감식요원이 된 터였다.

이 사고로 서른두 명이 숨지고 여섯 명이 다쳤다. 추락한 버스에는 여학생들이 많이 타고 있었는데, 버스가 거칠게 끊어진 교각의 단면에 부딪히면서 시신이 많이 훼손됐다. 권일용은 이날부터 일주일간, 발견된 손, 팔, 다리, 발을 하나하나 카메라로 찍었다. 경찰이 된 뒤로 가장 많은 시체를 본 때였다. 국과수(국립과학수사연구소)의 신원 파악 작업을 돕기 위해서였다. 끊어진 다리 위아래에서도 사고 현장을 찍었다.

"이때 처음으로 어떤 범죄는 사회적 범죄일 수 있다는 생각을 했습니다." 건설사는 부실시공을 했고, 교량의 유지 관리를 담당한 서울시 공무원은 태만했다. 이들 건설업자와 공무원들은 업무상 과실치사 등의 혐의로 1997년 11월 유죄 확정 판결을 받았다. 교각 잔해와 버스 사이에 끼여 조각난 여학생들의 시신을 수습하면서 권일용은 범죄라는 것을 더 넓게 바라보게 되었다. "그저 누구를 칼로 찌르거나 때리는 것만이 범죄가 아니고, 부당하게 일을 처리하고 임무를 다하지 않아서 무고한 사람을 죽게 만드는 행위도 사회적 범죄라고 생각하게 됐죠."

마치 감도 높은 필름처럼, 권일용이 경험한 넓은 스펙트럼의 정서들은 그가 프로파일러로서 범죄자를 이해하는 데 도움이 됐다. "존 더글러스가 쓴 책에 '범인의 마음속으로 걸어 들어가라'는 표현이 있습니다. 그래야 프로파일링을 할 수 있다고 했습니다. 그래서 범죄자들의 말을 들을 때는 저는 '그화化'되는 거예요. 상대로부터 어떤 상처에 대한 이야기를 들을 때는 제 상처가 같이 떠오르곤 했습니다. 그화되는 것에는 훈련이 필요해요. 다만 초창기에는 그화됨을 느끼고 나면 다시 저에게로 돌아오는 데 시간이 필요하더군요."

초창기에는 그저 막막했다. 모든 것을 혼자서, 알아서 해야 했다. 이때 권일용을 키운 것은 분야의 벽을 넘는 협력이었다. 아직 범죄심리에 대한 관심이 많지 않던 때라, 선구적으로 이 분야를 공부하고 고민한 사람들은 괴짜 취급을 받기 일쑤였다. '괴짜들'은 그들 사이에 놓인 벽을 넘어서 만나기 시작했다. 윤외출이 프로파일링 직책을 신설한 것이 벽을 허무는 만남의 결정적 계기가 됐다.

권일용은 '범죄심리에 대한 답은 범죄자한테 있을 것이다. 범죄자의 심리를 분석하려면 그 사람에게 물어보는 것이 정답 아닐까'라고 생각했다. 강덕지 과장과 함근수 실장도 국립과학수사연구소 업무와 범죄심리의 접점을 찾으려 애쓰고 있었다. 권일용은 강덕지 과장의 최면수사 교육을 수강한 적이 있었다.

"권 경장은 지금 무슨 일을 하죠?" 강덕지 과장이 물었다.

"이제부터 범죄심리분석을 하라는데, 막막합니다."

권일용이 답했다.

악의 마음을 읽는 자들

"저도 그런 작업이 필요하다는 생각을 하고 있었어요, 우리 같이 한번 범죄자들을 만나볼래요?"

"그거 좋습니다!"

에프비아이 프로파일러 존 더글러스와 로버트 레슬러Robert K. Ressler*는 1980년대 초 미국 전역의 교도소를 돌았다. 연쇄살인범이나 무차별 범죄자들을 잇달아 인터뷰해 그들의 심리를 분석했다. 면담은 치열한 기 싸움의 과정이었다. 연쇄살인범의 마음의 문을 열기 위해 더글러스는 치밀한 대화 전략을 구사했다. 권일용, 강덕지, 함근수 세 명도 더글러스와 레슬러처럼 전국의 경찰서를 돌며 송치 전 자백 피의자들을 인터뷰하기 시작했다. 존 더글러스와 로버트 레슬러는 프로파일러를 다룬 대다수의 미국 영화나 텔레비전 시리즈에 등장하는 캐릭터의 실제 모델이다.

2000년 8월 어느 토요일, 내연녀를 살해한 40대 남성 피의자를 처음으로 면담했다. 같은 해 10월에는 다툼 끝에 아내를 살해하고 시체를 토막 낸 남편을 면담했다. 또 12월에는 인터넷 자살 사이트에서 만난 사람이 자살하는 것을 도와 살인 혐의를 받고 있는 열아홉 살 피의자를 인터뷰했다. 그 뒤에는 학원생들을 상습적으로 성추행한 60대 학원 운영자를 인터뷰했다. 지연이 사건이 벌어지기 직전인 2001년 5월 8일에는 연쇄강간범을 만났다. 세 사람은 지연이 사건이 벌어진 2001년 5월 10일 전까지 전국 경찰서를 돌면

---

* 존 더글러스와 함께 프로파일링이라는 개념을 탄생시키는 데 지대한 역할을 한 전 에프비아이 요원이자 작가. 대표 저서 중 하나인 《살인자들과의 인터뷰Whoever Fights Monsters》가 국내에 출간된 바 있다.

서 스물아홉 명의 강력범죄자를 인터뷰했다. 이후 2004년 7월 7일 마지막 면담까지 127명을 더 만났다.

권일용 등 세 남자가 답을 찾으려 한 질문은 다음과 같았다. '왜 똑같은 환경에서 누군가는 타인의 고통에 대한 공감능력을 상실한 괴물이 되고, 누군가는 정상인으로 남는가.' 해답은 쉽게 찾아지지 않았다. 세 사람은 그화되기를 통해 간접적으로 답을 찾으려 했다. 그러나 경계심이 가득한 피의자들은 자신의 심리를 친절한 언어로 설명해주지 않았다. 범죄자 가운데 학력이 낮은 사람이 많은 것 또한 소통을 방해하는 요소였다.

단순한 받아쓰기로는 그들의 마음을 파악하기가 어려웠다. 물이 빠져나가도 그물에 물고기가 남는 것처럼, 긴 대화가 있은 뒤 범죄자들의 심리를 파악하는 그물이 되어준 것은 공통 질문들이었다.

'어렸을 때의 기억 중 가장 좋은 기억은 무엇인가, 그리고 반대로 나쁜 기억은 무엇인가?'

'구속 수사 중인 지금 면회를 오는 친구가 있는가?'

'부모는 어떤 사람인가?'

이런 질문을 통해 가족 관계, 교우 관계, 트라우마 등을 먼저 파악했다. 거의 모든 범죄자들은 좋은 기억을 떠올리기 힘들어했고, 나쁜 기억에 대해서는 몇십 분씩 답했다. 권일용은 범죄자의 마음의 문을 여는 면담 전략을 고민하기 시작했다.

조현길 면담은 권일용이 경험한 최초의 진짜 '그화되기'였다. 동부경찰서에서 눈썹이 짙고 입술이 두꺼운 조현길을 마주한 권일용은 입을 열었다.

"유치장에서 밥은 잘 먹습니까?"

"그렇습니다."

살려달라고 울며 애원하는 네 살 여자아이를 죽이고 토막 낸 남자가 답했다. 권일용은 이어 '왜 아동에게 성적인 흥분을 느끼게 됐는지' '평소의 여성관은 어떻고 이성과의 교제 경험은 있는지' '왜 시체를 토막 냈는지' 등을 물었다. 면담이 끝난 뒤 백반을 주문해 조현길과 함께 먹었다. 권일용은 면담 내용을 바탕으로 '범인을 통해 확인한 최초 프로파일에 대한 평가' 보고서를 작성했다. 조현길을 체포하기 전에 작성한 프로파일과 실제 조현길은 상당 부분 일치했다.

범인을 통해 확인한 최초 프로파일에 대한 평가

— 피의자는 혼자 살며, 깔끔한 성격의 소유자. 각종 의류가 잘 세탁되어 질서 정연하게 걸려 있고, 사물함에 볼펜 등 필기도구까지 가지런히 정리해놓았다.

— 범행 장소(범인의 주거지)는 피해자 실종 장소에서 도보로 5분 거리.

— 현재 무직이고, 사출기 절단공으로 오래 일하였음.

— 시장에서 냉동 생선 판매를 한 경력이 있다. 면담 시 "생선 판매할 때 항상 비닐봉지를 두 겹 포장하여 판매하였다"고 진술.

— 연령은 만 40세이고, 학력은 초등학교 졸업.

— 가깝게 지내는 친구가 없고 주로 혼자 술을 마시고 노래방을

가며, 집에서 비디오나 텔레비전을 시청하면서 지낸다.

— 공장에서 일하다 손가락 두 개가 절단된 뒤 외모에 대한 콤플렉스가 심하여 여성에게 표현을 하지 못하고 주로 여인숙에서 성매매로 성욕을 해소하였다.

조현길과 면담한 초여름의 그날은 권일용에게 평생 남을 기억이 됐다. 한번 열고 들어가면 안에서는 다시 열리지 않는 문을 통해 어두운 방으로 들어선 것과 같은 기억이었다. "범죄 희생자는 프로파일러에게는 사물로 인지된다. 피해자들의 시체나 그들에게 가해진 온갖 끔찍한 행위들은 오로지 조사 및 분석 대상으로 취급된다. 이런 정서 메커니즘의 장점은 프로파일러가 감정 소모를 하거나 피해자의 고통에 영향을 받지 않게 해준다는 것이다. 단점은, 프로파일러는 이런 식으로 피해자와 그들의 고통을 다룸으로써 자신의 인간성을 포기하게 될 위험에 빠진다는 것이다." (브렌트 터비)

냉혈한을 잡기 위해 냉혈한을 이해해야 한다. 냉혈한을 이해하기 위해 냉정해져야 한다. 다만, 그러다 스스로 냉혹해질 수 있다. 그런 위험을 경고한 말이다.

권일용은 2001년 6월 초여름 조현길을 만난 그날 이후, 다른 세계로 들어와버렸다. "점심에 백반을 시켜서 조현길과 같이 먹었습니다. 그 순간을 평생 잊지 못합니다. '이제 이런 괴물들과 같이 밥 먹고 살아야 하는구나'라고 느꼈습니다."

권일용도 자신의 사고 체계 안에서 범죄의 원인을 찾아보려

악의 마음을 읽는 자들

했으나 쉽지 않았다. 네 살 여자아이를 강간하고 죽인 뒤 토막 내는 행위는, 소매치기나 식빵을 훔친 장발장의 범죄와는 완전히 다르다. 어떻게 한 인간이 타인의 고통에 공감하는 능력을 이토록 완벽하게 상실할 수 있는가. 다른 영장류에는 없는 행위가 왜 유독 호모사피엔스에게서만 관찰되는가.

조현길은 권일용과 면담한 뒤인 2001년 6월 23일, 특정범죄가중처벌등에관한법률 위반(약취, 유인) 혐의로 기소됐다. '약취'란 '폭행이나 협박 따위의 수단으로 타인을 자기의 지배 아래 두는 행위'를 의미한다.

조현길에게 죄책감이 남아 있었을까? 그 점은 불확실하다. 그러나 그가 자신의 안전과 목숨을 지키려 한 점은 분명해 보인다. 표창원은 경찰대학 교수 시절에 쓴 저서에서 조현길이 시체를 토막 내고 여기저기 버린 것에 대해 '비겁한 겁쟁이 범죄자가 들키지 않으려고 나름대로 애쓴 행동'이라고 평했다. 후에 조현길이 법정에서 보인 태도에 대해 판결문은 "범행 후에도 별다른 반성의 빛조차 보이지 않고 있다"고 기록하고 있다.

네 살 여아를 강간하고 죽인 40대 남성을 우리 사회는 어떻게 다뤄야 할까. 형사재판의 핵심 쟁점은 두 가지다. 사실 인정과 양형. 일부 피고인은 범행 자체를 감추고 부인하기 때문에 '범죄의 사실관계가 무엇인가'가 쟁점이 된다. 팩트 하나로 유무죄가 갈리고 형량에 차이가 생긴다. 다음은 적절한 죗값, 즉 형량에 대한 판단이다. 똑같이 사람 한 명을 죽여도 동기, 수법 등에 따라 형량은 집행유예부터 무기징역까지 천차만별이다.

조현길 재판의 쟁점은 딱 하나, 양형이었다. 이미 경찰 수사 단계에서 사실관계가 거의 다 드러난 상태였다. 형량만이 쟁점이었는데, 판사가 택할 수 있는 선택지는 '사형' 아니면 '무기징역' 둘 중 하나였다. 조현길에게 적용된 '특정범죄가중처벌등에관한법률 위반'에 따르면, 약취 또는 유인한 미성년자를 살해한 경우에는 사형 또는 무기징역에 처하도록 되어 있다.

2001년 7월 6일 오전 10시, 서울 송파구 서울동부지법 1호 법정에 여섯 명이 함께했다. 피고인 조현길, 우리 사회를 대표해 조현길을 처벌해야 한다는 검사, 흉악범조차 최소한의 법률 지원을 받을 자격이 있으므로 조현길을 변호해야 하는 국선변호인, 15년 차쯤 된 재판장, 그리고 판사 임관한 지 5년이 채 안 된 합의부 배석판사 두 명. 이들 여섯 명이 '사회의 이름으로 조현길을 죽일 것인가 말 것인가'를 판단해야 했다.

검찰은 사형을 구형했다. 10월 19일, 서울동부지법 제1형사부 재판장 이성호 판사 등 재판부는 사형을 선고했다. 판결문은 언론에 보도되어 국민들에게 충격을 준 사건에 대한 것치고는 비교적 짧았다.

"이 사건 범행의 동기, 범행 경위 및 방법, 범행 후의 정황 등에다가 피고인의 연령 및 전과, 교육 정도와 직업, 가족 관계 등 주변 환경을 종합하여 살펴볼 때, 피고인의 죄책은 극히 중대하다고 아니할 수 없고 죄형의 균형이나 유사 범죄에 대한 일반예방적 견지에서도 피고인에게 극형을 선고하지 않을 수 없다."

1심 재판부는 전형적인 사형 제도의 논리를 따랐다. '일반예

방적 견지'란 피고인에 대한 사형 집행으로 비슷한 예비 범죄자로 하여금 범죄를 저지르지 않게 하는 효과를 말한다. 죽음의 공포가 범죄 충동을 억누르리라는 기대다. 범행 후에도 별다른 반성의 빛조차 보이지 않고 있다는 것도 판결의 중요한 이유가 되었다.

조현길은 그해 11월, 사형 판결이 너무 무겁다며 항소장을 냈다. 2심 첫 재판은 2001년 12월 7일 오후 2시 서울 서초동 서울고등법원 403호 법정에서 열렸다. 1심 재판부가 범행 후에도 별다른 반성의 빛조차 보이지 않고 있다고 했던 조현길은 항소심 때 반성문을 냈다. 2002년 1월 2일부터 같은 달 26일까지 다섯 차례에 걸쳐 진정서, 탄원서, 반성문 등을 판사들에게 제출했다. 구치소에서 조현길을 접견한 국선변호인이 진정으로 반성한다면 재판부에 반성문을 내도 된다고 알려주자, 조현길이 반성문을 써서 구치소를 통해 재판부에 제출한 것이었다.

2심 재판부는 2002년 1월 30일 1심 판결을 취소하고 무기징역으로 감형했다. 재판장 구욱서 판사 등 2심 재판부는 판결문 앞부분에서 "범행 방법이나 사후 처리가 너무나 끔찍하고 대담하여 이러한 피고인조차 우리 사회의 한 구성 인격체로 인정하여 세상에서 계속 살아가도록 허용하는 것이 과연 사회 정의에 부합하는 것인가 하는 의문이 들지 않는 것은 아니다"라고 밝혔다. 그러나 이어서 "사형은 사람의 목숨을 빼앗는 마지막 형벌이므로 특별한 경우에만 허용되어야 한다"고 썼다. 재판부가 사형 여부를 판단하는 요소로 삼은 것은 다음과 같았다. 잔인성의 정도, 반성과 가책의 유무, 피해자의 수와 피해 감정, 재범의 우려 등.

2심 재판부가 원심 판결을 파기한 이유는 다음과 같았다. "피고인(조현길)은 미성년자 의제강제추행치상죄로 처벌받은 것 외에는 다른 죄를 짓지 않고 살아온 점 등을 고려하면 그 나이, 성행, 환경, 경력 등에 비추어 아직도 교화 개선의 여지는 있어 보이는 데다가 이 사건 범행에서 피해자를 살해하게 된 것도 처음부터 의도한 것이 아니라 피해자가 계속하여 울어대자 이를 모면하기 위하여 순간적으로 목을 조르게 된 것으로 보여지며, 이 사건 수사와 재판을 받는 과정에서 범행을 모두 순순히 시인하고 평생 속죄하는 마음으로 여생을 살아갈 것을 다짐하면서 자신의 잘못을 깊이 뉘우치고 있다."

사형은 사회와 법률의 이름으로 사회 구성원을 죽이는 결정이다. 찬반이 갈린다. 우리나라는 법률상 사형 제도가 존재하지만, 1998년 이후 사형 집행을 하지 않고 있다.

4세 여아에게 성욕을 느끼고, 아이에게 중상을 입히거나 아이를 살해하는 행위를 두 번이나 저지른 40대의 인간은 교화 개선될 가능성이 있는가. 이 같은 사실관계를 두고 1심 재판부는 불가능하다고 판단했고, 2심 재판부는 가능하다고 판단했다.

가령 조현길이 1998년 4세 여아에 대한 미성년자 강제추행치상죄로 징역형을 받았던 전과를 1, 2심 재판부는 다른 무게로 판단했다. 1심 재판부는 조현길이 2000년 6월 출소하자마자 이듬해 똑같은 미성년자성범죄를 저지른 것에 대해 '씻을 수 없는 죄'로 판단했다. 반대로 2심 재판부는 "피고인(조현길)은 (1998년에) 미성년자 의제강제추행치상죄로 처벌받은 것 외에는 다른 죄를 짓지 않

악의 마음을 읽는 자들

고 살아"왔다고 긍정적으로 판단했다.

2심 때 반성문을 낸 조현길은 정말 반성했을까. 아니면 살기 위해 반성한 척했을까. 범죄심리학은 철학적 논쟁 대신 사실관계를 보라고 가르친다. 존 더글러스는《범죄 분류 매뉴얼》에서 아동 성범죄자의 경우 그가 '소아기호小兒嗜好' 유형인지 아니면 '우연적 유형'에 해당하는지가 매우 중요하다고 설명했다.

소아기호 유형 아동성범죄자는 아동에 대해 성적 판타지를 갖고 있어 성인 여성에게서는 좀체 성욕을 느끼지 못한다. 이들은 아동 포르노 등을 소지하거나 다른 아동성범죄 전과가 있을 가능성이 있다. 또 성격이상을 동반하는 경우가 많다. 소아기호증은 관용이나 감형, 교육으로 쉽게 개선할 수 없는 병리 증상이라는 견해가 많다. 반면 우연적 유형의 아동성범죄자는 평상시에는 아동에게 성욕을 느끼지 않는다. 범죄를 저지를 당시 주위에 아동이 있고, 기타 다른 이유가 겹쳐 우발적으로 아동성범죄를 저지른다. 조현길이 어느 유형에 해당하는지 재판부는 별도로 조사하지 않았다. 형사재판에 범죄심리분석이 참고 자료로 검토되는 시대가 아니었다.

조현길이 경찰에 잡히지 않았더라도 '교화 개선'되었을까? 체포되어 법정에 서지 않았더라도 자신의 범행을 후회하면서 이후에 미성년자 성추행을 멈추었을까? 과학적 분석을 통해 조현길이 소아기호 유형인지를 알기 전에는 쉽게 판단하기 어렵다. 2심 재판장을 맡았다가 퇴직한 구욱서 변호사에게 비서를 통해 여러 차례 인터뷰를 요청했으나 구 변호사는 응하지 않았다.

다만 정말로 조현길이 소아기호 유형이라면 또 다른 범행을 저질렀을 가능성이 높다. 터비는 1990년대 말 어떤 연쇄 강간범에 대한 자문 의뢰에 이렇게 답했다. "그가 법정에서 얼마나 후회하는 모습을 보였든, 그가 체포되어 반박할 수 없는 증거가 제시되기 전까지 그는 결코 강간을 멈추지 않았다는 사실을 우리는 알고 있다."

2002년 1월 31일, 조현길은 상소 포기서를 냈다. 무기징역으로 감형됐으니 괜찮다는 의미였다. 권일용은 뒤늦게 조현길이 사형에서 무기징역으로 감형된 사실을 전해 들었다. 알 수 없는 무력감을 느꼈다. 조현길에 대해서는 사형이 집행되어야 한다고 생각했다.

지연이의 부모 등 남은 가족들은 어떻게 지내는지 확인되지 않는다. 아이를 지켜주지 못했다는 죄책감 그리고 아무것도 하지 못했다는 무력감, 이 두 가지 감정이 그들을 평생 공기처럼 에워쌀 가능성이 높다. "범죄 피해자들은 수사 때문에 찾아온 형사들을 안 만나려고 해요. 생각하기 싫은 거야. 대부분 그래요. 심리적인 상처로 인해서 생긴 저항이지. 기억에 저항하는 거예요. '나는 기억하기 싫은데 왜 자꾸 물어보냐' 이런 심리예요."

2002년 1월 31일 목요일은 비교적 포근한 겨울날이었다. 세상은 자신이 낳은 냉혈동물에 무관심했다. "북한 등 미 위협 용납 안 해—부시, 대량살상무기 개발 확산 경고" 같은 기사들이 이날 신문 지면을 채웠다. 그달에만 미수 포함 80건의 살인 사건이 일어났다.

권일용은 아직 팀원이 없는 1인 프로파일러였다. 이날 아침에도 평소처럼 전날 벌어진 주요 강력사건이 담긴 당직 사건 보고서를 훑어봤다. 조현길보다 더 공감능력을 상실한 괴물이 곧 세상을 떠들썩하게 만들 거라고는 아직 예상치 못하고 있었다.

2
풀지 못한 숙제

"권력. 모르겠어요. 상처받기 쉬운. 무서웠어요, 그냥… 나는 무척… 그 것에서 매우 흥분을 느꼈어요, 황홀했어요. 그게 뭔지는 당신 내키는 대 로 표현하세요. 왜 다른 사람이 아니라 내가 그걸 좋아하는지 저도 모르 겠어요. 그걸 어떻게 묘사해야 할지 모르겠습니다."

조 로이 매스니(연쇄살인범)

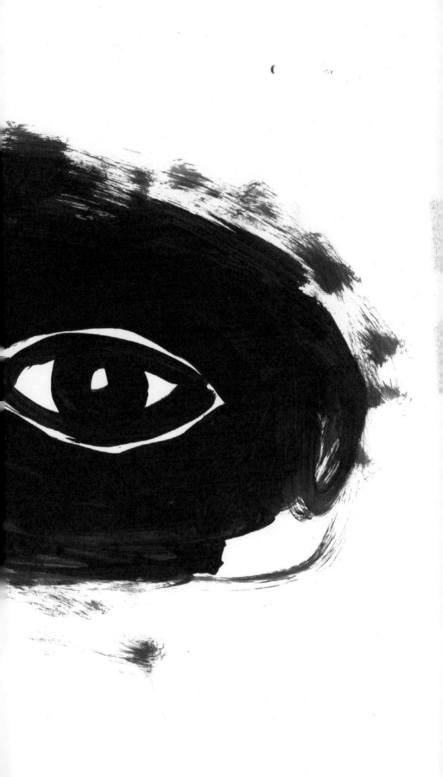

2003년 9월 25일의 아침도 평범한 가을날이었다. 새벽 기온은 15.3도였지만 낮 최고기온은 25.6도였다. 일교차가 크고 바람 없이 맑은 하루였다. 서울 종로구에 있는 서울지방경찰청 건물 고층에서는 북한산이 바라다보인다. 파란 가을 하늘을 보면서 범죄를 떠올릴 사람은 많지 않을 것이다. 그러나 권일용이 일하는 서울지방경찰청 3층은 바깥과는 다른 세계 같았다. 날이 좋든지 좋지 않든지, 프로파일러와 형사들은 랜턴을 들고 일부러 어두운 곳만 걸어 다니는 사람과 같다. 그것이 그들의 일이므로.

2001년 지연이 사건 수사 과정에서 권일용은 잡히지 않은 범인에 대한 프로파일링 분석 보고서를 작성해 수사팀에 제출했다. 한국 경찰 역사상 첫 프로파일링 보고서였다. 하지만 권일용의 일상은 2003년에도 달라지지 않았다. 권일용은 여전히 서울지방경찰청 과학수사계 범죄분석팀의 유일한 프로파일러였다.

2003년 5월,《한겨레21》기자 김창석은 남들보다 앞서 권일용의 존재를 알아챘다. 봉준호 감독의 영화 〈살인의 추억〉으로 과학수사에 대한 관심이 높아진 참이었다. 김 기자는 과학수사와 프로파일링의 필요성을 이해했다.

봉준호 감독은 이 사건(화성 연쇄살인 사건)이 여태껏 미제 사건으로 남을 수밖에 없었던 이유에 대해 "범인과 시대의 갭gap 때문이었다"고 설명했다. 시대는 그만큼 나아가지 않았는데, 범인은 시대를 한발 앞서가는 범죄를 저질렀다는 것이다. 그러나 2003년의 한국은 봉 감독이 말한 시대와 범인의 '갭'을 상당 부분 없앤 사회였다. 김창석 기자는 권일용을 인터뷰한 후 다음과 같은 기사를 썼다.

과학수사의 급속한 발달이 이를 입증한다. 요즘 강력사건의 참고인을 만나러 가는 형사들은 경찰서에서 보내주는 관련 인물들의 사진 영상을 휴대폰으로 받아 확인한다. 외국의 사례와 국내의 경험을 기반으로 과학수사 기법을 시스템화하고 제도화하는 방안을 추진 중인 서울지방경찰청 범죄분석관 권일용 경사는 "몇 달이 지난 물에 젖은 범죄자의 지문을 복원해내거나 범인이 사용한 일부 언어만을 활용해 범죄자를 가려낼 수 있을 정도로 과학수사 기법은 첨단을 달리고 있다"고 전했다.

《한겨레21》 2003년 5월 보도

이 시기 권일용은 거의 모든 살인 사건 현장에 나갔다. 당시 서울지방경찰청 과학수사계의 다른 동료들은 3일 단위로 근무했

악의 마음을 읽는 자들

다. '야간 당직-낮 근무(일급)-비번' 순서로 일했는데 이를 "당일비"라고 불렀다. 팀원이 있어야 가능한 근무 패턴이었다. 그러나 아직 팀원이 없는 프로파일러 권일용은 거의 매일 야간 당직을 섰다. 2003년에도 마찬가지였다.

"나 혼자 당다라당당, 매일 당직이구만."

권일용은 종종 혼잣말을 했다. 3일에 한 번 꼴로 자다 새벽에 깨어나 살인 사건 현장에 나갔다. 그러고도 다음 날 아침 일찍 일어나 거울 앞에서 양복 넥타이를 조였다. 서울지방경찰청 산하 31개 경찰서에서는 매일 전날 발생한 주요 사건들을 정리해 일일보고를 올렸다. 권일용은 아침에 출근해 한 시간 정도 보고서들을 훑었다. 거기에는 마치 육포처럼 건조한 팩트만 축약되어 담겨 있었다. 권일용의 눈은 엑스레이처럼 범행 도구 등 사건의 특징을 단적으로 드러내는 팩트들을 빠르게 살펴보고, 걸러냈다. 수년간 지문감식을 위해 강력사건 현장을 다닌 경험이 시야를 터주었다. 권일용은 이런 식으로 매일 열다섯 건에서 스무 건의 살인, 강간, 방화 사건을 체크했다. 종합 일간지와 지상파의 범죄 사건 보도도 빠지지 않고 봤다. 사건 체크가 끝나면 구내식당에서 라면을 먹곤 했다.

9월 25일 오전에도 권일용은 일일보고를 펴 들었다. 강남구 신사동에서 일어난 살인 사건이 기록되어 있었다. 전날 밤 10시경 집에 돌아온 아들이 70대 초반의 아버지와 60대 후반의 어머니가 숨겨 있는 것을 발견했다. 두 노인은 안방에 엎드려 있었다. 둔기에 맞아 머리가 함몰된 채였다. 강남경찰서가 초동 조치를 했다. 그날 밤 곧바로 신사동 주택에 폴리스라인이 쳐졌다. 범행 수법이 잔인했다. 서울지방경찰청 형사과장, 강력계장, 현장감식반이 출동해 감식을 실시했다. 유족 상대 수사, 현장 주변 탐문 수사 등을 벌였으나 단서를 찾지 못했다. 권일용은 25일 오후 현장을 찾았다. 노무현 정부 초기였다. 신문에는 정치 기사가 많이 실려 있었고, 대부분의 신문이 1면에서 한국군의 이라크 파병을 다뤘다.

그 와중에 〈노컷뉴스〉가 발 빠르게 이날 오후, 신사동 살인 사건을 보도했다.

老교수 부부 살인 사건 왜?

24일 서울 강남구 신사동 주택가에서 발생한 여대 명예교수 살인 사건은 피해자가 70대 노교수 부부인 데다 범행 수법이 잔인하다는 점에서 범인이 누군지와 함께 범죄 동기가 궁금증을 증폭시키고 있다. 경찰은 수법이 잔인하고 도난당한 금품이 없는 반면, 강도 사건으로 위장하려는 흔적이 곳곳에서 발견됨에 따라 일단 원한 관계에 의한 범행으로 추정하고 물증 확보 및 피해자 주변 인사들에 대한 탐문 수색을 강화하고 있다.

〈노컷뉴스〉 2003년 9월 25일 보도

대검찰청 범죄 통계를 보면 2003년 9월에만 전국에서 미수를 포함해 94건의 살인 사건이 발생했다. 그해 발생한 살인 사건은 모두 1,011건이었다. 언론이나 경찰은 신사동 사건의 의미를 아직 알지 못했다. 그때까지만 해도 이 사건은 1,011건의 사건 가운데 하나에 불과했다.

악의 마음을 읽는 자들

권일용은 현장에 남은 사실의 조각들을 빼놓지 않고 형사수 첩에 기록했다. 노교수의 왼쪽 머리 정수리에 맞은 상처가 다섯 군데나 있었다. 권일용은 우선 살인자가 머리만 집중적으로 공격을 한 점에 주목했다. 'MO'를 포착하려 했다. "화가에 대해서 알고 싶으면 그 사람을 보지 말고 그의 그림을 보라."* 권일용은 존 더글러스의 수사 회고록《마인드헌터》의 한 구절을 떠올렸다.

'M'은 모두스Modus로 '사물이 존재하는 방식'을 의미하는 라틴어다. 종종 '양태'로도 번역된다. 'O'는 오페란디Operandi로 '작동에 관한'이라는 의미의 라틴어다. Modus Operandi, 즉 MO란 범죄자가 범행을 저지르기 위해 행하는 행위, 다시 말해 범행 수법을 일컫는다. 권일용은 집 안에 현금이 남아 있었다는 점에도 주목했다. 살해된 노교수는 존경받을 만한 교육자였다. 가족 간에도 문제가 발견되지 않았다.

10월 9일 저녁, 권일용은 종로구 구기동의 폴리스라인 안쪽을 서성이고 있었다. 82세와 58세의 여성, 그리고 30대의 남성이 숨진 채 발견됐다. 주차 관리원으로 일하던 61세 구정서(가명) 씨가 오후 6시 40분경 귀가했다가 가족들의 주검을 발견했다. 권일용은 묵묵히 현장에 남은 특성을 메모했다.

권일용의 옆에는 늘 단짝이 있었다. 서울지방경찰청 현장감식팀 유완석도 과학수사에 매료된 형사였다. 유완석은 1992년 경찰이 된 뒤 1998년부터 감식 업무를 담당하기 시작했다. 유완석의

---

* 　존 더글러스·마크 올셰이커, 이종인 역,《마인드헌터》(비채, 2017), 174쪽.

관심사는 단순한 감식에서 범죄분석으로 넓어졌다. 권일용과 죽이 잘 맞았다.

10월 16일 오후 1시 30분경, 유완석과 권일용은 폴리스라인이 쳐진 강남구 삼성동 단독주택을 조사했다. 일주일 만에 다시 노인이 살해됐다. 사위가 장인 집을 찾아가 초인종을 눌렀으나 아무도 대답하지 않았다. 안으로 들어간 사위는 숨진 장모를 발견했다. 머리와 얼굴을 무언가로 맞은 채였다.

프로파일링은 무당의 심령술이 아니다. 범죄 현장을 재구성할 능력을 갖춰야 한다. 프로파일러는 범인의 행동을 심리적으로 분석하기 위해 우선 범죄 현장에서 정확히 어떤 일이 벌어졌는지를 알아야 한다. 이 과정에서 갈등이 유발되는 것은 미국 경찰들도 비슷했다. 오죽했으면 터비가 교과서에서 "형사, 감식요원, 프로파일러는 각자가 상호 보완적인 서로 다른 능력을 가졌음을 알아야 한다. 영역 싸움이 있어서는 안 된다"고 썼을까. 권일용 역시 협업의 힘을 잘 알고 있었다. 그 점에 있어서 서울지방경찰청 과학수사계 현장감식팀 유완석 경위는 권일용에게 큰 도움을 줬다.

"형님, 감식 결과 좀 보세요. 신사동 사건이랑 구기동 사건 현장에서 나온 발자국과 같은데요?" 세 번째 살인 사건 현장을 다녀오고 며칠 뒤, 유완석이 권일용에게 말했다. 서울지방경찰청 과학수사계 현장감식팀은 삼성동 단독주택의 서쪽 담장 밖, 동쪽 담장 안에서 용의자 발자국 세 점을 발견했다. 셋 다 비슷한 등산화 밑창 모양이었다. 버팔로 등산화였다. 유완석의 설명을 듣던 권일용은 처음으로 연쇄살인 가능성을 생각했다.

권일용은 2003년 9월에서부터 10월까지의 밤 대부분을 서울지방경찰청 3층에서 보냈다. 권일용을 인사 발령해 한국 경찰 최초로 프로파일러 직책을 만든 윤외출은 이때 지방 경찰서에서 근무 중이었다. 권일용은 맥주에 불콰하게 취할 때면 윤외출에게 전화해 발령을 내고 도망가면 어떡하냐고 짐짓 투덜거리곤 했다. 이 시기 권일용은 둘째 아이의 얼굴을 볼 생각조차 할 수 없었다. 사무실 데스크톱컴퓨터의 '바탕화면'에는 아들의 얼굴 대신 현장 사진이 깔려 있었다. 신사동, 구기동, 삼성동의 단독주택에서 노인들의 머리를 가격한 그 남자를 권일용은 매일 생각했다.

이 무렵 언론이 사건을 주시하기 시작했다. 경찰의 압박감도 커졌다. 경찰은 필사적으로 수사했지만, 수사 방식은 여전히 과거에 머물러 있었다. 경찰은 세 번째 사건이 벌어진 삼성동 주택가 주변 미용실, 식당, 공사장, 부동산 사무소 등 수십 곳을 찾아가 탐문했다. 요구르트 배달원으로부터 30대 초중반의 남성을 봤다는 진술을 확보했으나 도움이 되지 않았다.

할 수 있는 건 다 해야 했다. 호구조사식 탐문수사도 했다. 경찰은 사건이 벌어진 삼성동 주택가 일대 주민 3,269세대 7,317명의 인적사항을 전수 조사했다. 버팔로 신발 소유 여부와 당일 행적 등을 조사했으나 성과가 없었다. 삼성동 주택가 지역을 관할하는 생수 배달원, 신문 배달원 등도 모두 조사했다. 피해자 가족의 부동산 거래도 조사했다.

경찰은 10월 월초와 월말 두 차례에 걸쳐 국립과학수사연구소의 도움을 받아 인근 주민을 상대로 최면수사도 실시했다. 최면수사는 국립과학수사연구소에서 실험적으로 도입한 당시 첨단 수사 기법이었다. 일반인들의 오해와 달리 최면이란 잠들거나 최면가에 의해 의식을 잃은 채 모든 사고가 통제되고 지배되는 상태가 아니다. 활동성이 감소된 상태일 뿐 의식을 상실하지는 않은 상태이며, 각성 상태에서 회상할 수 없었던 구체적인 사건들에 초점을 맞출 수 있도록 '유도된 주의 집중' 상태로 정의된다.

아이엠에프IMF* 구제금융으로부터 4년여가 지난 시기, 한국인들의 삶의 방식이 뿌리째 바뀌고 있었다. 그 변화는 파도 밑 심연의 해류와 같았다. 훗날 많은 사람들이 이 노인 살해 사건을 가리켜 사회적 변화의 반영이라고 주장했다. 공장의 압착기처럼, 어느 순간부터 한국 사회는 일부 구성원들을 스트레스로 압착하기 시작했다. 납작하게 눌린 냉혈한들이 면식이 없는 사람을 상대로 무차별 범죄를 저지르기 시작했다는 것이다.

누군가 연쇄살인을 저지르고 있다. 네 번째 노인 살해 사건이 일어난 2003년 11월 18일 오후, 권일용의 마음속에서 이 생각이 분명해졌다. 이날 오후 4시경 권일용은 서울 종로구 혜화동의 한 단독주택에 있었다. 날은 맑았지만, 부쩍 기온이 쌀쌀해졌다. 이날 새벽 최저기온이 2.9도였다. 이층집 골목을 "CSI" 글자가 새겨진 조끼를 입은 경찰들이 오갔다.

또다시 단독주택에서 노인이 숨졌다. 87세 남성과 53세 여성

---

* International Monetary Fund, 국제통화기금.

악의 마음을 읽는 자들

이 숨진 채 발견됐다. 숨진 노인의 딸이 오후 3시에 집 문을 열었을 때, 실내에는 연기가 가득했다. 동대문경찰서 경찰들이 신고를 받고 출동했다. 서울지방경찰청 과학수사계 현장감식팀 유완석도 다른 팀원들과 함께 현장에 나왔다. 유완석 옆에는 권일용이 있었다. 경찰들은 18일 오후 4시 30분부터 다음 날 새벽 5시까지 12시간 30분 동안 현장을 감식했다. 권일용은 혈흔, 발자국, 시체가 엎드린 모양 등 모든 디테일을 옆에서 기록했다. 기자들이 사용하는 취재수첩과 비슷하게 생긴 형사수첩을 권일용은 연신 넘겼다.

권일용이 '임장' 때마다 되새긴 프로파일링의 명제가 있다. 임장臨場이란 현장감식에 참여하는 것을 일컫는다. 혈흔의 패턴이 디엔에이 분석 결과보다 '어떤 일이 벌어졌는가'에 대해 더 많은 걸 알려준다는 명제였다. 먼저 상처 부위를 확인했다. 이마, 뒤통수, 관자놀이, 광대 부위 등 피해자가 가격당한 위치와 개수까지 파악했다. 그러고는 방어 흔적이 없었음을 메모했다. 범행에 사용된 도구를 아주 구체적으로 확인했다. 지문, 혈흔, 발자국 등 모두 126개의 흔적을 채증採證했다. 피해자가 흉기가 아닌 둔기에 가격당했다는 사실은 범인의 분노를 보여주는 증거였다. 이례적으로 현금은 그대로였다. 그는 왜, 무엇에 분노했을까.

경찰은 11월 18일부터 12월 25일 크리스마스 때까지 가능한 모든 수사 방식을 동원했다. 피시방, 고시원 등에서 '거동 수상자'는 물론 인근 주민까지 조사했다. 이렇게 조사를 받은 사람이 총 1,436명이었다. 경찰은 네 번째 사건이 벌어진 혜화동 주택 주변 서른한 세대를 전부 조사했다. 과거 강도나 절도 등의 범죄 피해를

당하고도 경찰에 신고하지 않은 사실이 있는지 확인했다.

추적의 계기는 옷 한 벌이었다. 피해자 노인의 아들이 집에서 자신의 점퍼 한 벌이 사라졌다고 말했다. 경찰은 범행이 벌어진 혜화동 단독주택 거리 인근의 시시티브이 영상을 모두 뒤졌다. 2003년 말까지만 해도 폐회로텔레비전(시시티브이)은 많지 않았다. 2003년 국회 행정자치위원회 국정감사 때 밝혀진 자료를 보면, 전국 2,930개 파출소와 192개 분소 등 3,122개 경찰관서 가운데 아날로그형 폐회로텔레비전이 설치된 곳은 2,632개소였다. 디지털형 폐회로텔레비전이 설치된 곳은 전체 관서의 15.2퍼센트인 473개소에 불과했다. 평범한 골목은 거의 다 사각지대였다. 부유층 동네라 해도 일반 주택에는 폐회로텔레비전이 없었다. 동대문경찰서는 11월 20일부터 필사적으로 영상을 찾았다.

범행이 벌어진 주택가는 혜화동로터리 뒤편에 위치했다. 혜화동로터리에서 주택가로 진입하는 초입에 한 기업체 건물이 있었다. 범행 장소에서 200미터쯤 떨어진 곳이었다. 이 건물 입구에 시시티브이가 달려 있었는데, 이 카메라가 주택가로 이어지는 골목을 비추고 있었다. 형사들은 순서를 정해 골목이 찍힌 영상을 몇 시간째 들여다봤다. 12월 초에 마침내 무언가를 발견했다. 범행이 있었던 11월 18일 낮 12시 29분 03초 영상 구간에서, 한 남자가 포착된 것이다. 남자는 사라진 검은색 점퍼를 입고 있었다. 그는 가방끈이 하나인 가방을 매고 전봇대 옆에서 두리번거렸다.

'연쇄살인범 serial killer'이라는 용어는 에프비아이 프로파일러 로

버트 레슬러가 1970년대 초 최초로 사용한 것으로 알려져 있다. 레슬러는 '스스로의 환상에 사로잡혀 살인을 저지른 자'라는 의미로 이 말을 썼다. 미국 범죄학자들 사이에서 연쇄살인을 정의하는 요소는 대략 다음과 같다.

1) 세 명 이상을 살해했다.
2) 피해자와 면식이 없다.
3) 살인 자체가 목적이다.

많은 범죄학자들이 한국 역사상 최초의 사이코패스로 1970년대 말의 연쇄살인범 김대두를 꼽는다. 그는 피해자를 살해한 뒤 시체에 "나 잡아봐라"라고 낙서했다. 1994년의 지존파 사건도 세상에 충격을 주었다. 20대 초 청년 다섯 명이 면식도 없는 사람을 납치해 살해하고 시체를 훼손했다. 그러나 연쇄살인은 여전히 극단적이고 극히 희귀한 사례로 여겨졌다.

드라마 〈수사반장〉의 주인공 박 반장(최불암 분)의 실제 모델인 최중락은 입버릇처럼 "모든 죽음에는 이유가 있다"고 말했다. 그가 활약했던 1960~1970년대의 살인은 이해될 만한 것이었다. 그러나 2003년의 노인 연쇄살인은 아이엠에프 구제금융 이후 4년이 지나 벌어진 일이었다. 돈이 목적이 아닌 잔혹한 연쇄살인은, 최중락 시대의 살인과 달리 이해하기 어려운 현상이었다. 어쩌다가 인간이라는 영장류 가운데 타인의 고통에 조금도 공감할 수 없는 개체가 태어났나. 때마침 화성 연쇄살인 사건을 소재로 한 영화

〈살인의 추억〉이 2003년 4월 말 개봉해 인기를 끌었다.

11월 말부터 수사는 그전까지 경찰이 경험하지 못한 단계로 넘어가 있었다. 동대문경찰서와 서울지방경찰청은 네 번째 사건 언론 브리핑 때부터 연쇄살인의 가능성을 부인하지 않았다. 이에 따라 기자들도 '연쇄살인'이라는 용어를 쓰기 시작했다. 대중들은 지존파 사건과는 다른 종류의 충격을 받았다.

언론도 기사 제목에 "서울 부유층 노인 연쇄살인, 동일인 증오범죄 낌새"라는 표현을 쓰기 시작했다.

지난 (2003년) 9월부터 잇따라 발생한 네 건의 서울 지역 부유층 노인 살해 사건이 동일범의 소행일 가능성이 높은 것으로 드러났다. 이들 사건은 범행 시간대와 범행 대상이 유사할 뿐 아니라, 현장에서 발견된 발자국도 대부분 일치하는 것으로 나타났다. 특히 피해자들이 부유층인데도 도난당한 금품이 없다는 점에서, 경찰은 부유층을 상대로 한 '증오범죄'인 것으로 보고 수사를 확대하고 있다.

〈한겨레〉 2003년 11월 23일 보도

쫓는 경찰과 쫓기는 범죄자의 행적이 미디어를 통해 국민들의 감정에 영향을 줬다. 제도권 미디어의 마지막 황금기였다. 이해에 '페이스북Facebook'이 서비스를 시작했지만, 아직 영향력 없는 작은 플랫폼에 불과했다. 지켜보는 언론과 대중들의 감정이 경찰의 움직임을 에워쌌다. 마치 물속에서 달리기를 하는 사람처럼 경찰은 범인의 심리는 물론, 지켜보는 대중의 심리도 함께 의식해야 했

악의 마음을 읽는 자들

다. 범죄도 수사도 모두 심리적 사건이었다.

권일용은 12월 초 어느 날 서울지방경찰청 사무실에서 폐회로텔레비전의 화면을 봤다. 수사를 지휘하던 당시 김용화 서울지방경찰청 수사부장이 회의실에 있는 경찰들에게 물었다. 권일용도 그 자리에 있었다.

"뒷모습은 나오긴 했는데, 연쇄 범죄라는 특성도 있고…. 이걸 어떻게 했으면 좋겠어요?"

"부장님, 수배합시다."

권일용이 제안했다. 회의실에 있던 사람들 모두 권일용을 쳐다봤다. 인적 사항도, 몽타주도 없이 뒷모습밖에 없는 상황에서 피의자를 수배하자는 생각은 이례적이었다.

권일용의 의도는 따로 있었다. 먼저 시간을 벌어야 한다고 생각했다. 그는 "프로파일러의 첫 번째 임무는 시민의 안전"이라는, 프로파일링 교과서의 구절을 우선 떠올렸다. "사실 당시 저의 제안은 우스운 제안일 수도 있었어요. 왜냐하면 뒷모습 사진만 가지고는 사람을 찾을 수 없었거든요. 그 범인의 지인이 아니면 아무도 알아볼 수가 없는 거죠. 그래도 지상파 9시 뉴스에 대대적으로 보도되어야 한다고 주장했죠. 사실 저의 의도는 범인이 저지를지 모를 미래의 범죄를 어떻게든 차단해보자는 전략이었습니다. 왜냐면 당시엔 시시티브이가 지금처럼 보급되지 않았기 때문이에요. 추가 범행을 저질러도 잡기 어려운 상황이었습니다. 대대적인 수배와 수배 사실에 대한 보도는, 어디선가 보도를 볼 범인에게 '네가 노출될 수 있다'라고 경고하는 것이었습니다."

권일용은 연쇄살인범 수사에 미디어가 활용된 미국의 사례를 잘 알고 있었다. 연쇄살인에 대한 보도는 목격자 제보, 범인이나 피해자 가족과의 접촉, 동일범이 저지른 이전 범죄 피해자의 제보 등에 도움을 준 사례가 많았다. 기사로서 가치가 있는 팩트를 두고 선의의 보도 경쟁을 하는 미디어의 순기능을 이용한 것이었다.

　　동시에 권일용은 "미디어는 양날의 검"이라는 미국 프로파일러들의 경고 또한 마음에 새기고 있었다. 경찰이 연쇄살인범 수사에 미디어의 보도를 이용하려고 할 때는 대중이 제보를 할 수 있을 만큼 구체적인 범죄 정보를 브리핑해야 한다. 그러나 그와 동시에 이 브리핑은 어떤 선을 유지해야 했다. 경찰의 언론 브리핑에 '범죄자를 잡기 위한 것'이라는 의도가 있음이 보도에 드러나서는 안 되었다. 구체적이되 수사에 영향을 주는 어떤 핵심은 보도되지 않아야 했다. 보도를 통해 경찰의 의도를 파악한 범죄자가 범행 수법, 즉 MO를 바꿀 가능성이 있기 때문이다. 가령 낮에 빈집에 들어가는 기존 범행 수법을 밤에 피해자를 납치하는 수법으로 바꿀 경우 동일범인지 아닌지 연쇄성 판단을 할 수 없게 된다. 서울지방경찰청과 권일용은 줄타기를 택했다. 경찰은 폐회로텔레비전에 찍힌 화면을 언론에 공개하기로 결정했다.

　　2003년 12월 5일 저녁 9시 MBC 〈뉴스데스크〉 화면에 엄기영 앵커의 얼굴이 잡혔다. "서울 노인 연쇄살인 사건의 용의자 윤곽이 서서히 드러나고 있습니다. 사건 현장 부근의 한 시시티브이에 범인으로 추정되는 20대 남자 모습이 찍혔습니다. 노○○ 기자입니다."

　　　　　　　　　　　　　　　　악의 마음을 읽는 자들

SBS의 간판 시사 다큐멘터리 프로그램 〈그것이 알고 싶다〉도 수배 내용을 알렸다. 신문은 이튿날 조간에 일제히 폐회로텔레비전 화면에 관한 내용을 보도했다. "노인 연쇄 살해 용의자 CCTV에, 혜화동 현장서 없어진 점퍼 입어 수배 전단 배포"라는 제목의 기사가 〈한겨레〉 사회면 지면에 실렸다.

〔속보〕 서울 시내 '부유층 노인 연쇄 살해 사건'이 동일범에 의한 '증오범죄'일 가능성이 높은 것으로 드러난 가운데(〈한겨레〉 11월 26일자 9면), 지난달 18일 혜화동 사건의 유력한 용의자 뒷모습이 찍힌 폐쇄회로 텔레비전 화면이 발견됐다.

경찰은 이에 따라 현상금 5000만 원을 내걸고 용의자의 모습이 담긴 전단지 1만여 장을 범행 현장 주변을 비롯해 전국의 경찰서와 교도소에 배포했다. 또 범인이 범행 당일 금융거래를 했을 가능성이 있다고 보고 지난달 18일을 전후한 시기의 각종 금융기관 폐쇄회로 자료를 뒤지고 있다. 경찰이 내건 현상금 5000만 원은 탈주범 신창원 사건과 함께 역대 최고액이다.

〈한겨레〉 2003년 12월 6일 보도

경찰과 권일용은 어디엔가 있을 범인이 무심코 신문을 집어들기를, 식당에서 밥을 먹다 지상파 뉴스를 보기를 희망했다. 상황은 심리 싸움으로 접어들었다.

권일용은 종로구 서울지방경찰청 3층 범죄분석팀 사무실에서 매일 범인의 얼굴을 상상했다. 폐회로텔레비전에 뒷모습이 잡힌 키가 작고 마른 남자의 얼굴을.

네 번째 혜화동 노인 살인 사건 이후 서울지방경찰청 3층에는 밤에도 늘 불이 꺼지지 않는 곳이 있었다. 바로 그곳에서 권일용이 한국 경찰사상 두 번째 프로파일링 보고서를 작성하고 있었다. 그러나 지연이 사건 때에 비해 팩트가 턱없이 부족했다. 시신에 남은 냉장고 냉동실의 줄무늬 같은 결정적 단서도 이번에는 존재하지 않았다.

2003년 12월 5일과 6일의 대대적인 언론 보도 이후, 권일용의 주장처럼 실제로 두 달간 범죄가 멈췄다. 2003년 9월 24일에 첫 번째 사건이, 10월 9일에 두 번째 사건이 일어났다. 삼성동 노인 살해는 10월 16일에 일어났고, 연쇄살인이라고 경찰이 명백하게 추정하기 시작한 네 번째 살인이 일어난 것은 11월 18일이었다. 각 사건 사이의 간격은 일주일에서 한 달을 넘지 않았다. 그런데 폐회로 텔레비전 화면이 보도된 이후 거짓말처럼, 두 달 동안 유사한 사건이 벌어지지 않았다.

미디어를 통한 수사는 양날의 검이다. 가능성은 두 가지였다. 노인 연쇄살인범이 범행 수법을 바꿨거나, 아니면 정말로 회심하고 범행을 멈췄거나. 후자의 가능성은 낮았다.

권일용은 얼굴을 전부 가릴 만치 높은 파티션 뒤에 파묻혀 매일 생각했다. 그는 책상 앞면과 양옆에 파티션을 높게 설치하고 거기에 현장 사진들을 붙여놓았다. 그중에는 살해된 노인들의 부검 사진도 있었다. 부검을 위해 피부를 벗겨내고, 가격당한 부위를 노출한 사진이었다. 데스크톱컴퓨터의 바탕화면도 시체 사진이었다. 권일용은 시체의 누운 방향, 혈흔 등을 하루에 수십 번씩 들여다보았다. 권일용을 찾아올 일이 있는 경찰 직원들이나 손님들도 그의 자리에 오기를 꺼려했다.

권일용은 전통적인 수사 방식에서 벗어나려고 노력했다. 수사팀 다수와 권일용은 같은 팩트에 다른 방식으로 접근했다. 첫 번째 사건인 신사동 노교수 부부 살해 사건 범행 현장에서 범인은 금품과 패물함을 그대로 놔뒀다. 수사팀은 이를 근거로 원한에 의한 범죄 혹은 명의신탁 재산, 차명계좌 증권, 양도성 예금 등과 관련된 범죄로 추정했다.

수사팀은 기존의 방식대로 우선순위를 정해 움직였다. 대낮에 이렇게 범행을 저지르고 피가 묻은 상태에서 도망을 갔는데도 불구하고 목격자가 없다면 차량을 이용한 범죄일 가능성이 높다는 추정하에 차량 수색에 집중했다. 폐회로텔레비전이나 블랙박스가 거의 없던 때였으므로 경찰은 범행이 벌어진 뒤 근처에 주차된 차와 목격자를 닥치는 대로 수색했다.

권일용은 수사팀과 다른 각도로 접근했다. 목격자가 없는 이유가 차량을 이용했기 때문이 아니라는 생각이 들었다. 그는 '도시의 무관심'이라는 사람들의 심리적 상태에 주목했다. 대도시에서 무관심은 공기 같은 것이다. 권일용은 비슷한 시기인 2004년 1월경에 있었던 한남동 주택가 강도살인 사건에서 무관심이라는 공기를 처음으로 느꼈다. 그때 그는 강도살인 현장에 감식팀과 함께 출동했다. 다행히 부잣집이라 시시티브이가 존재했다. 화면을 지켜봤다. 범인이 주택에 침입해 피해자를 흉기로 찔렀다. 그 와중에 범인도 손을 다쳐 피를 흘리며 집을 빠져나갔다.

"피가 이제 길에 떨어져 있죠. 그걸 추적해서, 피를 추적해서 가봤더니 핏자국이 그 골목 안에 있는, 문이 열려 있는 어느 집 근처까지 이어져 있어요, 피가. 그 주변을 내가 CSI 옷을 입고 서성거리고 있었습니다." 권일용이 말했다.

"무슨 일이 났나요?" 주민 한 사람이 지나가면서 물었다.

"저 위에 강도 사건이 나서 제가 지금 주변을 돌아보고 있습니다." 권일용이 답했다.

"아, 어떤 사람이 아까 우리 집 앞마당에 와서 손에 묻은 피를 씻고는 안경하고 휴대폰을 떨어뜨리고 갔습니다." 주민이 말했다.

"그러면 신고를 하시지 왜 신고를 안 하셨습니까?"

"아니, 누가 와서 손 씻고 가는데 뭐라고 신고를 합니까. 그건 범죄가 아니지 않습니까."

열려 있는 자기 집 문을 지나 사람이 마당에 들어왔다. 허락도 받지 않고 수도를 틀고 손을 씻는다. 그러나 해코지는 하지 않고 다시 나간다. 굳이 법률적으로 판단한다면 가택침입이지만, 시간도 짧고 물리적, 신체적 피해도 없다. 더구나 경찰에 신고하는 것은 귀찮은 일이다.

'사람들은 자기와 관련 없는 일이면 굳이 신고하지 않는구나.' 권일용은 한남동 현장에서 돌아오면서 '그렇다면 우리가 노인 연쇄살인 사건 수사에서 차에 집착할 이유는 없다'고 생각했다. 훗날 노인 연쇄살인범이 잡힌 뒤 그가 몸에 피를 묻힌 채 대낮에 지하철 화장실에 들렀어도 아무도 신고하지 않았다는 사실이 드러났다.

그것이 하루 유동 인구가 수백만 명에 이르는 메트로폴리스 서울의 공기였다. 나와 무관한 사람들이 늘 내 옆을 지나가는 도시.

한편, 수사팀이 전통적 수사 방식을 따른 데에도 나름의 이유가 있었다. 수십 년간의 경험에서 비롯된 자연스러운 접근이었다. 적어도 과거 수사 사례에 비춰볼 때, 가장 좋은 결과를 낼 가능성이 있는 방식이었다. 그러나 문제는 시대가 바뀌었다는 것이었다. 한국의 범죄가 뿌리째 변화하는 2003년의 흐름과는 맞지 않았다.

권일용이 주목한 것은 폭력성이었다. 현장은 원한 관계나 이해관계와는 다른 무언가를 보여주고 있었다. 권일용이 2003년 10월경에 두 번째로 작성한 프로파일링 보고서는 과거의 사건과는 다른 폭력성에 주목하고 있다. 이 보고서는 수사부장 김용화에게 제출되었다. 권일용은 범인이 현대적인 무차별 살인자일 가능성이 높다고 보았다. 실제로 권일용의 분석은 훗날 체포된 노인 연쇄살인범의 실체와 상당 부분 일치했다. 주요 내용은 다음과 같았다.

범죄 용의자 프로파일링

＊ 수사 대상자
— 정신분열, 성격장애자(경계선장애, 충동조절장애, 반사회성, 분열성 또는 공격 성향이 강한 장애를 중점 확인할 것).
— 범행을 실행할 정도의 장애라면 가족 관계에서도 문제가 발생했을 가능성이 높고, 병원에서 치료 및 검사를 받았을 가능성이 높다.

＊ 용의자 분석

ー 금품을 강취하고자 하는 노력이 낮다. 금품 강취 수법보다는 범행이 진행되면서 폭력성이 높아지는 경향을 보임.

ー 피해자들과 조우 시 위협보다 조우와 동시에 살인 실행. 금품 강취만이 목적이라고 한다면 혜화동의 경우 금고 문을 열게 한 후 살해하는 것이 타당.

ー 범인의 상태는 정신지체나 정신분열로 보기에는 범행 장소와 시간대 등 범행 계획이 체계적임. 따라서 공격적 성향을 가진 성격장애에 대한 중점 수사 대상 선정 필요.

2003년 12월부터 2004년 초까지, 겨우내 권일용은 현장감식팀 유완석과 매일 혜화동 골목을 쏘다녔다. 잠시 범행이 멈춘 동안 추적의 계기를 찾아야 했다. 권일용은 프로파일링의 기본부터 점검했다. 답은 현장에 있다고 봤다. 범죄 현장 재구성을 시도했다. 침입 범죄 네 건 모두 오전 11시부터 오후 2시 사이에 일어났음에 주목했다. 범인의 시각에 서는 것이 프로파일링의 기본이다. 권일용은 12월 중순부터 한 달간 범인이 사건을 저지른 추정 시간대에 범행이 발생한 장소 네 곳을 계속 방문했다. 그의 곁에는 단짝 유완석이 함께였다.

권일용은 골목을 걸으면서 전봇대의 위치, 돌담의 높이와 색깔, 그 겨울날의 공기를 놓치지 않고 느끼려 했다. 골목을 지나는 행상이 어떤 물건을 파는지도 유심히 관찰했다. 지역의 특성을 파악하면서 행인의 숫자와 모습도 유심히 보았다. 행인들이 왜 이곳을 지나는지, 공간을 분석했다. 그릇에 따라 그것에 담긴 물의 모양이 달라지듯, 심리는 공간의 영향을 받는다.

권일용과 유완석은 네 곳의 범행 장소 중에서 구기동을 제외한 세 곳의 주택 근처에 큰 교회가 있음을 알아챘다. 이것이 범죄자에게는 의미가 있을 거라고, 권일용은 유완석에게 말했다. 권일용의 추측은 용의자 체포 이후 사실로 드러났다.

하지만 그때 이후로는 수사도, 프로파일링도 진전이 없었다. 3년차 프로파일러 권일용에게 노인 연쇄살인 사건은 어려운 숙제였다. "프로파일러로서 숙제를 풀지 못했다는 죄책감에 시달렸습니다. 존 더글러스와 터비 교과서에서 배운 MO와 시그너처를 완벽하게 분석하지 못했어요."

MO가 범행 수법을 의미한다면, '시그너처signature'는 범행 과정에서 범인이 충동과 욕구를 채우기 위해 저지르는 행위를 가리킨다. 범인이 지속적으로 사용하는 범행 도구나 상처의 패턴 등은 MO에 해당하는데, 가령 노인 연쇄살인 사건의 경우에는 '낮에, 단독주택에 침입한다'는 것이 주요한 MO에 해당된다고 할 수 있다. 반면 개별 사건의 상처의 정도, 혹은 시신 위에 사정射精하거나 소변을 보는 행위 등은 시그너처에 해당한다. 시그너처는 존 더글러스가 명명한 용어로, 그는 이를 '콜링카드calling card', 즉 '명함'이라고 부르기도 했다.

권일용은 머리가 계속 무언가에 짓눌리는 것 같은 기분이었다. '케이스링크case link'의 연결점이 사라진 것이다. 주택에 침입해 노인을 살해하는 범죄는 더 이상 보고되지 않았다. '매일 보는 수십 건의 살인사건 중에 노인 연쇄살인범이 저지른 범죄가 있는 걸까. 그는 어디로 사라졌나. 무얼 하고 있나.' 마치 산속에서 앞사람의 발자국을 따라 걷던 중 갑자기 발자국이 사라진 느낌이었다.

권일용의 의도대로 범인은 대대적인 폐회로텔레비전 화면 공개 이후 범행을 멈췄다. 냉각기에 들어선 것이다. 그러나 미디어는 과연 양날의 검이었다. 훗날 밝혀진 바에 따르면, 노인 연쇄살인범은 보도 이후 MO를 실제로 바꿔버렸다. 그는 가택침입과 노인 살해에서 윤락 여성을 자신의 집이나 숙소로 불러들여 살해하는 수법으로 MO를 변경했던 것이었다. 프로파일링에서는 '완전히 다른' 수법에 해당한다.

"훗날 확인해보니, 노인 살해범이 침입 범죄를 저지르다가 윤락 여성을 집으로 불러 죽이기 시작했어요. 당시에는 결국 이 링크를 해결하지 못했어요. 왜 수법이 바뀌었을까, 바뀐 수법은 무엇인가에 대한 답을 찾지 못했습니다. 어느 사건이 동일 건인가, 윤락 여성들이 수없이 그 집에서 죽어가고 디엔에이가 나왔는데 이것이 노인 연쇄살인 사건과 동일 건인가. 그게 가장 큰 문제였어요. 저는 그 숙제를 거의 못 풀었어요."

노인 연쇄살인범의 정체가 마침내 드러나는 2004년 7월 15일 새벽 5시 20분까지, 권일용은 자신이 풀지 못하고 있던 숙제에 거의 가위눌리다시피 했다. 그때까지 네 건의 노인 살인 사건은 답보 상태였다. 권일용이 프로파일링 보고서에 담은 내용은 체포 뒤 상당 부분 사실로 입증됐지만, 수사의 '골든타임' 때 수사팀에 명확한 방향을 제시하거나 수사 대상자를 더 좁히지는 못했다.

악의 마음을 읽는 자들

권일용은 유완석과 함께 2004년 상반기에 국립 병원을 찾아 정신장애로 진료를 받은 기록이 있는 사람들을 뒤졌으나, 명단에 있는 수많은 진료 환자 가운데 수사 대상자를 추려내지 못했다. 그런데 실제로 노인 연쇄살인범이 간질 발작에 의한 정신 질환으로 1993년부터 1995년까지 광진구에서 진료를 받았던 사실이 체포 이후에 드러났다.

　　2004년 봄, 세상은 아직 과거와 싸우고 있었다. 전두환 비자금, 영화 〈실미도〉의 흥행 등이 신문 1면을 채웠다. 같은 해 3월 12일, 국회에서 노무현 대통령 탄핵안이 가결됐다.

　　4월 총선에서 열린우리당이 과반수를 차지했다. 5월, 헌법재판소는 탄핵안을 기각했다. 정치적 희망이 넘쳐났다. 이런 정치적 변화와 무관한 연쇄살인의 탄생에 주목하는 사람은 많지 않았다. 무차별 살인이 앞으로 한국 사회가 앓게 될 미래의 병이라는 점을 진단한 사람도 많지 않았다.

　　'그놈을 잡아야 한다.' 권일용은 2004년 봄 내내 노인 연쇄살인범을 생각했다. 그러나 이해 1월부터 노인 살해범이 체포되는 7월까지 그의 숙제는 아무런 진전이 없었다. 권일용의 일상은 달라지지 않았다. 케이스링크. 끊어진 연쇄의 고리를 필사적으로 찾았다. "당다라당" 방식으로 3일에 한 번 야근을 했다. 매일 아침 주요 강력사건 일일보고를 검토했다. 끊어진 MO와 시그너처의 고리를 찾기 위해 수십 장의 보고서를 넘기고 또 넘겼다. 범행 장소, 범행 시간, 사용된 흉기, 상처의 모양, 시체의 상태 등과 관련된 팩트는 하나도 놓치지 않았다.

다른 범죄자로부터 영감을 얻으려는 노력도 이어갔다. 권일용은 2000년 프로파일러 발령 뒤 국립과학수사연구소 과장 강덕지와 전국의 경찰서를 돌며 자백 피의자들을 면담했다. 타인의 고통에 공감하는 능력을 상실해버린 사람의 심리를 이해해야 했다. 노인 연쇄살인 사건 수사로 바쁜 와중에도 시간을 쪼개 면담을 이어갔다.

2003년 10월 말 주택에 침입해 강도강간을 저지른 20대를 면담했다. 11월 말에는 열린 문으로 침입해 여성을 강간하고 살해한 20대 후반 남자를 만났다. 2004년 2월에는 강도강간범을 인터뷰했다. 2003년 10월부터 2004년 4월까지 열여덟 명의 강도강간 및 살인 등을 저지른 강력범죄자를 인터뷰했다. 대부분 남성이었다. 잭더 리퍼Jack the Ripper*를 비롯해 역사상 거의 모든 연쇄살인범 혹은 무차별 살인범은 남성이었다.

프로파일링을 위한 인터뷰는 철학 대담이 아니다. 심리 치료를 위한 임상 면담도 아니다. 권일용은 키, 몸무게, 병력, 부모의 직업과 소득 수준, 말투와 옷차림까지 범죄자의 모든 디테일을 파악하려 했다. 그 인터뷰가 미래의 범죄 추적에 도움이 될 것이었다.

그러는 와중에 권일용은 이제 막 태동하기 시작한 범죄심리학 연구자들과 함께 책을 읽고 공부했다. 한림대 심리학과 조은경

---

* 19세기 말 영국 런던에서 최소 다섯 명의 매춘부를 잔혹하게 살해한 연쇄살인범. 끝내 범인이 잡히지 않아 대표적인 미제 사건으로 남았다. 오늘날까지도 그 정체에 대해서는 의견이 분분하다.

악의 마음을 읽는 자들

교수도 당시의 공부 동료였다. 조 교수의 박사 학위 주제는 범죄심리학이 아니었지만, 학계에서 범죄심리학 연구와 조직을 개척했다. 조은경 교수는 권일용, 윤외출과 함께 범죄심리학을 연구했다. 벽을 넘는 교류였다. 교류의 목적은 오로지 범인을 잡고 이해하는 것이었다. 이런 노력에도 불구하고 2004년 봄 내내 권일용은 숙제를 마치지 못했다는 자괴감에 짓눌려 있었다.

권일용은 책상에 꽂힌 책들을 버릇처럼 뒤적였다. 방송에 폐회로텔레비전 화면이 보도된 뒤 노인 연쇄살인 사건과 유사한 사건이 더 이상 일어나지 않고 있었다. '혹시 유사한 사건이 보고에서 누락된 건 아닐까?' 권일용은 2004년 봄과 초여름 내내 아침마다 주요 사건 보고서를 한 장 한 장 꼼꼼히 살폈다.

이러한 나날은 예기치 않게 끝났다. 2004년 7월 15일 새벽 5시 20분, 신촌오거리 근처에서 노인 연쇄살인범이 잡혔다. 체포 과정은 이 사건을 다룬 영화 〈추격자〉에 어느 정도 묘사되어 있다. 7월 12일, 출장마사지를 하는 성매매 여성이 업주에게 전화를 걸어 "납치되고 있다"는 말을 남기고는 사라져버렸다. 서울지방경찰청이 이를 인지했다. 서울지방경찰청 기동수사대 경장 양필주가 15일 새벽 2시에 업주에게 걸려온 출장마사지 신청 전화를 추적했다. 그리고 새벽 5시 20분에 납치범을 검거했다.

이 여성 납치범이 노인 연쇄살인범이자 저 악명 높은 유영철이라는 사실은 보도를 통해 많은 사람들이 알고 있다. 그러나 2004년 7월 15일 오후 6시 시점에 서울지방경찰청 기동수사대 형사들이 마주한 유영철은 그저 '성매매 여성 납치 살해 피의자'일 뿐이었다.

혐의를 받는 납치도 단 한 건이었다. 경찰이 그의 범행을 '케이스링크'하지 못하면 그는 비교적 가벼운 형사처벌만 받을 것이었다. 다른 증거물도 없었다.

자백을 둘러싼 심리 싸움. 케이스링크. 경찰이 직면한 과제였다. 경찰은 15일 아침 6시 30분부터 서울지방경찰청 기동수사대 사무실에서 유영철을 조사했다. 진실을 감추려는 유영철과 파헤치려는 경찰의 싸움이었다. 체포되던 순간 마사지 전단지를 삼킨 이유, 소지한 핸드폰과 여성용 손목시계의 출처 등을 캐물었다. 수사 백서에 의하면 유영철은 혐의를 계속 부인하고 허위 진술을 했다. 수사는 오후 6시까지 이어졌다.

이때만 해도 형사들의 신문은 성매매 여성 납치 사건에 집중됐다. 눈앞에 앉아 있는 짙은 눈썹에 중저음 목소리를 가진 남자가 지난해 언론을 떠들썩하게 만들었던 노인 연쇄살인의 범인일 거라고는 누구도 생각지 못했다.

유영철이 처음으로, 자신의 입으로 노인 연쇄살인 사건을 언급한 것은 이날 오후 6시에서 밤 10시 사이의 어느 시점이었다. 무슨 심리에서인지, 유영철은 갑자기 형사에게 "내가 구기동, 혜화동 등 3개소의 노인 살인 사건 범인"이라고 말했다.

형사들은 깜짝 놀랐다. 발언을 보고받은 서울지방경찰청 수사부장 김용화와 기동수사대장, 그리고 권일용 등 10여 명이 그날 밤 당장 경찰차에 나눠 타고 혜화동으로 향했다. 그런데 경찰차 안에서 돌연 유영철이 발언을 번복했다. 유영철은 밤 11시 30분 다시 서울지방경찰청에 돌아와서는 다큐멘터리 방송을 보고 혜화동 사

악의 마음을 읽는 자들

건의 내용을 안 것뿐이라고 말했다. 경찰들은 유영철의 심리를 종잡을 수 없었다. 증거가 없었으므로, 자백하는 유영철의 입만 쳐다볼 수밖에 없었다.

조사는 7월 16일 자정부터 이날 오전 11시 40분까지 이어지다 어이없는 이유로 중단됐다. 밤에 조사받던 유영철이 간질 증세를 보여 경찰이 잠시 수갑을 풀어준 사이 그가 도망친 것이었다. 유영철은 그날 새벽 어머니와 여동생을 만나 택시비를 받았다. 경찰은 오전 11시 40분에 영등포 부근에서 유영철을 겨우 다시 체포했다. 그러고는 그가 소지하고 있던 위조 경찰 신분증과 성매매 여성 납치 등에 대한 조사를 재개했다.

범죄자는 자유롭게 범죄를 저지르지만, 경찰은 법규라는 족쇄를 차고 범죄자를 쫓는다. 경찰은 시간과도 싸워야 했다. 형사소송법상 긴급 체포한 피의자를 영장 없이 가둬둘 수 있는 시한은 48시간이었다. 7월 17일 새벽까지 유영철의 혐의를 제대로 입증하지 못해 법원에서 구속영장을 발부받는 데 실패할 경우, 괴물은 제 발로 경찰서를 나갈 것이었다. 경찰은 자백의 심리전에서 이겨야만 했다.

서울지방경찰청은 16일 오후 4시, 검찰을 거쳐 법원에 유영철의 구속영장을 신청했다. 연쇄살인 혐의는 구속 사유에 담기지 않았다. 경찰이 주장한 혐의는 '강도, 공문서 위조 및 행사, 도주, 절도, 공무원 자격 사칭, 폭력 행위'가 전부였다. 법원이 구속영장을 발부했다.

유영철로 하여금 입을 열게 만든 것이 당시 서울지방경찰청 수사부장 김용화라는 점은 분명해 보인다. 김용화는 16일 오후 4시경 기동수사대 사무실에서 유영철을 직접 신문했다. 경찰 계급의 꽃이라는 경무관이 피의자를 직접 신문하는 일은 이례적이다. 군대에서 소장이 직접 전투를 지휘하는 것이나 기업의 임원이 직접 카탈로그를 들고 영업을 하러 다니는 것과 같은 상황이었다. 김용화도 뼛속까지 형사였고, 사안의 위중함을 본능적으로 느끼고 있었다.

유영철의 심리를 흔든 것은 한 장의 사진이었다. 시시티브이에 찍힌 어느 남자의 뒷모습. 그 사진으로 그를 흔든 것이 바로 김용화였다. 김용화는 유영철에게 화면이 인쇄된 사진을 보여주며 손가락으로 사진 속 남자를 가리켰다.

"유영철, 이거 네 뒷모습 아냐?" 유영철은 혐의를 인정했다. 이후 묵묵히 구기동 노인 살해 사건의 자술서를 쓰기 시작했다. 출장마사지 성매매 여성을 숨지게 한 사실도 인정했다. 스스로 마음의 문을 연 것이다.

유영철이 체포된 이후 줄곧 서울지방경찰청 3층에 있던 권일용도 16일 저녁에 '연쇄살인범'이 체포된 사실을 알게 됐다. 김용화가 권일용에게 임장을 지시했다. 권일용은 저녁 7시 30분에 현장감식반 유완석 등과 함께 시체가 묻힌 현장으로 향했다. 마포구 노고산동 서강대학교 뒷산 산책로 8부 능선에서 사체 한 구가 발견됐다. 유영철 자백의 신빙성이 최초로 입증됐다. 심리 싸움은 이렇게 끝나갔다.

유영철이 체포되어 범행을 자백한 뒤에도 권일용은 제때 퇴근하지 못하고 모든 감식 현장을 찾았다. 그에게는 아직 과제가 남아 있었다. 괴물을 철저히 파헤쳐야만 미래의 괴물을 막을 수 있었다. 유영철이 MO를 바꾼 과정, 이유, 심리를 파헤쳐야 했다. 유영철은 16일 밤 11시부터 다음 날 새벽까지 자신이 저지른 살인 사건의 자술서 및 사체 은닉 현장의 약도를 작성했다. 17일 오전 8시 서대문구 봉원동 봉원사 주변에서 성매매 여성 등의 사체 열 구가 마저 발견됐다.

　서울지방경찰청 15층에 모여 있던 각 신문사와 방송사의 캡들이 분주해졌다. 각자 전화기를 붙들고 '1진'들에게 이날 오후 기사 계획을 지시했다. 연쇄살인이 대부분 언론사의 '야마'였다. 1진은 경찰서를 담당하는 사회부 담당 기자를 가리키고, 야마는 기사의 주제를 뜻하는 은어다. 18일 오전 11시, 서울지방경찰청장 수사부장 김용화와 형사과장 김병철이 시경 캡 앞에 섰다.

　"부유층 및 부녀자 상대 연쇄살인 사건 중간 수사 결과입니다. 서울 경찰은, 지난해 9월부터 11월 사이에 서울 강남과 종로 일대 부유한 고급 주택 내 노인 등을 상대로 연쇄살인을 벌인, 특수절도 등 전과 14범인 34세 유 모를 검거하였습니다. 범인 유 모는 금년 3월부터 7월 14일까지 출장마사지 도우미 여성 열한 명을 연쇄 살해한 여죄가 확인되는 등 지금까지 확인된 살인은 총 열다섯 건에 피해자는 열아홉 명입니다."

　한국인들의 머릿속에 '연쇄살인'이라는 단어가 깊게 새겨지는 순간이었다. 과거에도 한 범죄자가 여러 명을 살해한 사건은 존재했다. 김대두 사건, 정두영 사건, 우 순경 사건, 지존파 사건, 막가파 사건 등이다. 김대두는 1970년대 말 10여 명을 무차별 살해했다. 정두영은 1999년부터 2000년 초까지 아홉 명을 살해하고 여덟 명에게 상해를 입혔다. 우범곤 순경은 1982년 거주지 인근 주민 수십 명을 총기로 살해했다. 지존파 사건과 막가파 사건은 1990년대 중후반 범죄자 여러 명이 조직을 이뤄, 부유층을 살해한다는 명분으로 다수를 살해한 사건이다.

존 더글러스의《범죄 분류 매뉴얼》은 '연속살인spree murder'과 '연쇄살인serial murder'을 구별한다. 연속살인은 범인이 살인과 살인 사이에 심리적 냉각기를 갖지 않고 둘 이상의 장소에서 행하는 살인이다. 연쇄살인은 세 명 이상을 살해하면서, 각각의 살인 범행 사이에 심리적 냉각기가 존재하는 살인으로 정의된다. 따라서 단 한 번의 흥분이나 분노로 여러 명을 죽인 우범곤 순경은 연속살인에 해당한다는 견해가 많다.

반면 계획적으로 살인하고 차분하게 증거를 인멸한 뒤 다음 번 범행을 준비하는 경우가 연쇄살인에 해당한다. 존 더글러스는 이런 심리적 냉각기를 '쿨링오프cooling off'라고 표현했다. 경찰대 이웅혁 교수를 비롯해, 유영철 사건이야말로 한국 최초의 연쇄살인 사건이라고 주장하는 사람이 다수 있다.

언론은 최초의 연쇄살인범에 급격히 관심을 쏟았다. 언론은 경찰에 유영철의 인터뷰를 제안했다. 잡혀 온 피의자의 머리에 점퍼를 씌우고 방송사가 피의자를 인터뷰하는 것은 종종 있어온 취재 관행이었다. 7월 21일 서울지방경찰청 형사과장 김병철이 다시 캡들이 있는 기자실을 찾았다. 18일 이후의 진행 상황을 언론에 브리핑했다. 캡 몇이 형사과장에게 물었다.

"유영철에 대한 직접 인터뷰를 언론사에서 대표를 선정해 하고 싶은데 가능합니까?"

"언론사에서 유영철의 생생한 소리를 듣고 싶은 것은 이해하나, 유영철의 현재 감정 상태 등으로 보아 유영철이 기자들에게 발표하는 말들이 왜곡된 사실을 발표할 우려가 상당히 높고, 또한 사회적 파장 우려 등을 고려해 기자들이 유영철에게 인터뷰하고 싶은 상황을 브리핑 시간에 취합해서 제출하면 유영철을 상대로 진술을 받아 브리핑 답변으로 대처하겠습니다." 형사과장이 답했다.

일간신문의 기사 가치 판단은, 급류 속에서 머리에 짐을 이고 외발로 서 있는 것과 같다. 보도의 골든타임을 놓치지 않으면서 결정적 오류를 저지르지 말아야 한다. 사회적으로 중요하고 보도 가치가 있는 발언을 보도하는 것은 매스미디어의 속성이다. 한국 최초 연쇄살인범의 육성은, 기자에게는 얼마나 매혹적인가.

그러나 매스미디어가 연쇄살인범을 다루는 방식은 때로 비판을 받는다. 카메라와 녹음기는 투명한 창문이 아니다. 카메라와 녹음기 앞에서 살인범의 심리는 종종 왜곡된다. 자신의 불행한 과거를 털어놓는 연쇄살인범은 이따금 동정의 대상이 되기도 하는데, 언론 인터뷰를 하면서 살인범 스스로 자기 연민에 빠지거나 기억을 왜곡할 가능성이 있는 것이다. 물론 연쇄살인범의 육성이 매혹적인 비즈니스가 되는 것은 어느 나라에서건 마찬가지다. 자본주의 매스미디어의 본질이 그렇기 때문이다. 하지만 그와 같은 '비즈니스'는 범죄 피해자와 유가족에게는 씻을 수 없는 상처를 남길 수밖에 없다.

《월간 조선》의 한 기자가 유영철과 편지 왕래를 하는 데 성공했다. 유영철은 이 기자에게 시를 적어 보내고 미문체美文體로 자신의 심리를 설명했다. 기자는 이 내용을 정리해《살인 중독》이라는 책을 펴냈다. 위험한 거래로 보인다. 책을 읽어보면 유영철이 스스로를 합리화하는 대목도 엿보인다.《인 콜드 블러드In Cold Blood》*처럼 주민과 피해자의 공포와 상처를 유기적으로 취재하고 묘사한 것도 아니다. 유영철의 범죄에 희생된 피해자에게 상처가 되는 글쓰기 방식이었다. 한국판 '샘의 아들Son of Sam'**이나 다름없었다. 권일용도 유영철의 육성을 이런 식으로 전달하는 것을 부정적으로 보았다.

권일용은 유영철의 허위 자백도 한 건 밝혀냈다. 우월 의식이 낳은 허위 자백이었다. 2004년 2월 6일 저녁 7시, 동대문구 이문동 길가에서 20대 여성이 아무 이유 없이 칼에 찔려 살해당했다. 이 여성은 인근 식당 안으로 도망쳤으나 뒤따라 들어온 범인의 칼에 끝내 숨지고 말았다. 범인은 여성의 가방이나 지갑에는 손을 대지 않았다. 사건은 다음 날 조간신문에 "서울 도심 20대 여성 흉기 피살"이라는 제목으로 보도되었다. 수사팀은 체포된 유영철에게 여

---

* 미국의 소설가 트루먼 커포티Truman Capote가 1966년에 발표한 논픽션. 1959년에 미국 캔자스주의 홀컴이라는 마을에서 실제 일어난 살인 사건을 수년간 조사해 집필한 작품으로, 르포르타주의 걸작으로 알려져 있다.

** 1970년 후반 미국을 충격에 빠뜨렸던 연쇄살인범 데이비드 버코위츠의 별명. 체포돼 수감된 그가 출판사에 자신의 범죄 이야기를 팔아 막대한 수입을 올리자, 이를 방지하고자 범죄로 인한 수익은 전액 몰수한다는 내용의 '샘의 아들 법Son of Sam law'이 제정되기도 했다.

악의 마음을 읽는 자들

러 미제 사건들에 대해 추궁했다. 유영철이 갑자기 이문동 살인 사건이 자신의 범행이라고 시인했다. 그는 수사팀에 "여자를 뒤따라가 앞을 가로막고 '경찰입니다'라고 하며 위조한 경찰 신분증을 보이고는 '술집 나가는 것 아니냐, 조사할 것이 있으니 같이 가자'라며 수갑을 꺼내 채우려고 했다"고 진술했다. 그런데 자신을 무시하자 칼로 찔렀다는 것이다.

이에 대해 권일용은 허위 자백이라고 주장했다. MO와 시그너처가 유영철의 다른 범행과 완전히 달랐다. 노인 연쇄살인처럼 주거에 침입하지도 않았고 무엇보다 망치가 아닌 칼을 사용한 점이 달랐다. 유영철이 MO를 변경해 성매매 여성을 납치한 사건처럼, 납치 행위를 하거나 시신을 훼손하지도 않았음을 주목했다. 수사팀은 권일용의 주장을 두고 고민했다. 이제 막 시작된 프로파일링의 분석을 믿는다면, 유영철의 검찰 송치 의견서에서 이문동 혐의는 제외해야 했다. 결국 수사팀은 자백이라는 '증거의 왕'을 택했다. 이문동 사건에 대해 7월 언론에 브리핑했다. 이는 7월 22일 조간신문에 "유영철 올해 2월 이문동서도 여성 한 명 더 살해"라는 제목으로 보도되었다.

그러나 권일용이 옳았다. 이문동 사건은 결국 대법원에서 증거 부족으로 유영철의 죄목이 아니라는 판결이 났다. 그리고 1년쯤 뒤에 이문동 사건의 진짜 범인이 잡혔다.

유영철이 마음을 열고 혐의를 자백한 이후 경찰 수사는 순조로웠다. 유영철의 진술대로 토막 난 시체들이 발굴되었다. 시민들은 처음 접하는 근대적 연쇄살인범의 면모에 공포를 느꼈다. 일간지와 방송 뉴스는 왜 이런 괴물이 태어났는지 분석 기사를 내보냈으나, 대중들은 '왜'보다 잔혹한 범행 수법, 시체가 훼손된 상태 등 '어떻게'를 더 열심히 소비했다. 유영철이 성매매 여성의 시신을 몇 조각으로 토막 냈는지만 회자될 뿐, 유영철이라는 괴물이 '왜 태어났는가'에 대해서는 대부분 깊이 생각하지 않았다.

2004년 한국 사회는 자신의 정신병을 진단할 능력이 없는 사회였다. 연쇄살인은 근대 자본주의의 병리 현상이다. 한국 심리학계에는 아직 이 병리 현상을 연구한 사람이 없었다. 그러므로 프로파일러 권일용의 인터뷰에는 커다란 의미가 있었다. 최초의 프로파일러와 최초의 연쇄살인범이 만난 것은 2004년 8월 초였다. 서울지방경찰청은 7월 20일 '기소의견'으로 유영철을 검찰에 송치했다. 검찰은 마무리 수사를 끝낸 8월 13일, 서울중앙지방법원에 유영철을 기소했다.

2004년 7월 말의 어느 날 오전 10시, 서울구치소 단독 면회실에서 두 남자가 누군가를 기다리고 있었다. 두 남자는 권일용 그리고 국립과학수사연구소 함근수 실장이었다. 마침내 유영철이 나타나 그들과 마주 앉았다. 모퉁이에는 교도관이 서 있었다. 권일용은 며칠 전부터 면담을 준비하며 유영철에 관한 모든 것을 공부했다. 출신 학교, 전과, 병력, 키, 몸무게, 습관까지.

"경찰관의 신문은 비유적으로 말한다면 일종의 유혹이라고 할 수 있다. 상대방에게 자기가 원하는 것을 달라고 어르는 과정이다. 유혹하려면 상대방에게 접근하기 전에 그 개인에 대해서 철저하게 파악하는 것이 필수다. 화를 내거나 설교하려는 태도는 절대 금물이다."[*] 권일용은 존 더글러스가 《마인드헌터》에 쓴 구절을 기억하고 있었다.

권일용은 더글러스와 비슷한 인터뷰 전략을 썼다. 공감을 사려고 했다. 이미 혐의를 자백한 피의자에게 혐의와 무관한 어린 시절에 대해 이야기해달라고 요청할 권한은 경찰에게도 없었다. 필요한 팩트를 얻으려면 마음의 문턱을 넘어야 했다.

"조사가 다 끝났는데 뭘 또 조사하러 왔습니까?"

"우리는 조사하는 사람이 아니다. 나는 사건을 수사하러 온 게 아니고 이 사건이 왜 벌어졌는지 이유를 알고 싶어서 왔다." 권일용이 말했다.

"그럼 범죄 수사 인터뷰가 아닙니까?"

"아니다."

권일용은 준비한 질문을 이어갔다. 유영철로 하여금 자기 삶과 관련된 이야기를 많이 하도록 해야 했다. 권일용은 우선 어렸을 때 어떻게 지냈는지, 부모님은 어떤 분이었는지 등을 물었다. 그리고 유영철에게서 어린 시절 그가 학대를 당했다는 이야기를 들을 수 있었다.

뒤이어 물은 것은 범행 수법을 바꾼 이유에 대해서였다. 예상대로 언론 보도 때문이라는 답이 돌아왔다. 노인 살해 사건에서 선택한 장소에는 어떤 의미가 있느냐고 권일용이 물었다. 네 건의 노

---

[*]　　존 더글러스·마크 올셰이커, 이종인 역, 《마인드헌터》(비채, 2017), 194쪽.

인 연쇄살인 사건 중에 세 건의 현장 근처에 교회가 있었던 점에 주목한 질문이었다. 유영철이 답했다. 과거 자신이 굉장히 간절하게 무언가를 요구하고 기도했는데 이루어지지 않았다. 그래서 '봐라, 신이 있느냐, 이렇게 교회가 옆에 있지만 바로 앞에 사는 이 사람도 무참히 죽는다'라는 걸 세상에 알리고 싶었다. 권일용의 짐작대로 유영철이 그 공간을 선택한 데는 의미가 있었다.

인터뷰 과정에서 권일용은 살인범에 대한 낭만적 의미 부여가 실수였다는 점을 배웠다. 경찰과 언론은 유영철이 성매매 여성들을 납치해 살해한 뒤 사찰 근처에 파묻고 자기만 아는 표지를 해둔 행위를 두고 갖가지 추측을 했다. 권일용은 그가 표지를 보며 추억을 떠올리는, 일종의 정서적 행위의 측면에서 그런 짓을 했을 거라고 추측하면서 이유를 물었다.

"내일도 시체를 묻어야 되고 그다음 날에도 묻어야 되는데, 판 곳을 또 파면 안 되니까요." 유영철의 답변은 건조했다. 권일용은 범인이 자신의 살인 행위를 반추하고 되돌아볼 것이라는 낭만적인 추정을 한 것에 대해 스스로 반성했다. '영화나 책에 나오는, 살인 행위를 반추하고 기억하는 살인범이 아니라, 이게 바로 괴물이구나.'

제압, 조종, 통제. 연쇄살인범의 특징이다. 권일용도 정확히 같은 것을 유영철과의 인터뷰에서 느꼈다. "유영철은 시체 토막 내는 얘기를 하면서도 말이 끊어지지 않았어요. 계속 말을 해. 자기를 드러내기 위해서. 연쇄살인범이 갖고 있는 우월감, 통제력을 보여줬어요. 자기를 조사하거나 실체를 밝히려고 온 사람과의 대화를 통제하려는 듯한 느낌을 받았습니다."

시신을 토막 내는 장면에 이르러 식사 시간이 됐다. 유영철은 밥을 먹고 인터뷰를 이어갔다. 권일용은 식사를 걸렀다. 면담은 오후까지 이어졌다. 권일용과 함근수는 늦은 오후에야 서울구치소를 나왔다. 여섯 시간이 흐른 뒤였다.

"당시 영화나 책에서 접했던 연쇄살인범 이미지와 너무 달랐습니다. 유영철의 목소리는 중저음에 굉장히 매력적이에요. 그리고 얼굴이 아주 잘생긴 미남형이에요. 달변이고요. 그게 연쇄살인범들의 특징이에요. 당시에는 이런 말을 못했죠. 연쇄살인범에 극악무도한 유영철이를 두고 매력 있고 중저음에… 뭐 이런 얘기를 할 시점이 아니었죠."

서울구치소를 나서면서 권일용은 생각했다. '경찰이 된 후 지금까지 봐왔던 범죄자가 아니구나. 이 시대가, 우리 사회가 정확히 무엇인지는 모르겠지만 괴물을 낳기 시작했구나.' 아울러 그는 다음 사건부터는 결코 같은 실수나 어리석은 분석을 되풀이하지 않겠다고 다짐했다. "유영철 검거 전에 프로파일링 분석이 늦어져서 범죄 피해자가 계속 늘어나게 만들 수밖에 없었는데, 다시는 그런 실수를 저지르지 말아야겠다고 생각했습니다. 유영철이 MO를 변화시킨 것을 알아내지 못한 것도 반성했죠." 유영철은 침입 범죄에서 납치로 MO를 변경했다. 유영철 때의 실패로 권일용은 MO의 변경을 톡톡히 학습했다. 그리고 훗날 길거리 범죄에서 침입 범죄로 MO를 변경한 연쇄살인범 검거에 성공한다.

"유영철 인터뷰를 마치고 나오면서, 처음 느낀 것이 있습니다. '앞으로 내가 가야 될 길은 이렇게 아무도 듣지 않으려 할 이야기, 너무나 잔혹한 이런 이야기를 들어야 하는 길이구나, 이런 이야기를 내가 끌어안고 살아야 되는 거구나'라고 처음 느끼게 된 거죠. 그전까지 시신을 토막 내기 위해 자신이 어떤 연구를 했는지, 사람의 장기 맛이 어떤지를 멀쩡한 사람에게서 들어본 적이 없었습니다. 게다가 살인을 반성하는 것이 아니라, 희열이 찬 얼굴⋯. 그건 인간으로서 처음 접하는 장면이었죠."

참으로 고독한 일이었다. 권일용은 프로파일러의 삶에 대해 "가족에게도 속을 털어놓지 못하는 직업"이라고 말한 적이 있다. "밥상머리에서 시체가 토막이 났는데 그게 모양이 어떻고⋯ 이런 이야기를 할 수는 없잖아요." 종종 씁쓸하게 웃으며 그는 이렇게 말하곤 했다.

왜 한국 땅에 이런 냉혈동물이 태어났는가. 유영철은 프로파일러 권일용에게 많은 숙제를 안겼다. 권일용은 자신의 가난했던 어린 시절을 떠올렸다. 그때까지 경찰 권일용은 범죄를 범죄자 개인의 이상심리 문제로 보았으나, 프로파일러 권일용은 이제는 사회에 대해 고민하기 시작했다. 유영철보다 더 험한 어린 시절을 보낸 사람들도 정상인으로 사는데, 어째서 그는 괴물이 되었는가. 아이엠에프 구제금융 사태 이후 발생한 경제적 몰락과 급격한 계층 간 격차 같은 것이 누군가에게는 엄청난 자극이 될 수도 있는 걸까.

서울지방경찰청으로 돌아온 권일용은 묵묵히 심리분석 보고서를 작성했다.

악의 마음을 읽는 자들

경찰 면담 자료(서울지방청 과학수사계 범죄분석팀)

가. 성장 과정 요약

✳ 빈곤 가정, 노동 일을 하는 아버지의 알코올 관련 폭력과 일관성 없는 교육, 부모 이혼.

✳ 가족력(유전 요인)이 있는 정신분열성 간질 질환으로 1993년 한 달간 병원에서 측두엽간질로 치료 경력.

✳ 1989년 결혼하였으나, 절도 등 무분별한 생활로 인해 2000년 10월 수감 중 강제 이혼.

나. 범행 준비

✳ 수감 중 이혼 소송 통보를 받고 불특정 다수를 상대로 분노 발산 살인 계획.

✳ 언론 매체를 통해 살인 범죄자들의 범행 행동, 검거 경위 등을 입수해 분석하고, 인터넷 등을 통해 다양한 법과학적 지식 습득.

✳ 수사에 혼선을 주기 위해 서울 전역을 대상으로 범행.

✳ 범행 후 현장에 다시 가보고 싶었지만 인터넷 검색 등과 언론 보도를 통해 경찰의 수사 방향과 현장에 남겨진 단서 등을 모두 알 수 있기 때문에 갈 필요가 없었다고 진술.

다. 피해자 선택 과정

✳ 침입과 범행이 용이한 노인들을 상대로 범행. 교회 옆에 있는 부유층을 대상으로 범행하였다고 합리화.

✳ 윤락녀의 대상은 자신의 전처와 비슷한 타입의 여성만을 선정.

라. 주 심리학적 방어기제(defense mechanism)

✳ 합리화: 부유층이나 윤락녀 등에게 메시지를 전달하는 것처럼 자신의 범죄를 합리화.

✳ 대치(substitution): 직접 분노의 대상이 아닌 중립적 대상에게 분노 표현.

✳ 동일시 및 투사(Projection):

— 성장기 경찰을 동경하고 실제 경찰 시험을 보려고 했지만 색맹으로 인해 좌절된 경험. 경찰관 사칭 범죄 실행에 무의식적 영향.

— 범행 준비 중 알게 된 미국의 연쇄 범죄자 체이스(1977년과 1978년에 걸쳐 캘리포니아에서 발생한 연쇄살인 사건의 범인으로, 정신분열을 앓고 있으며, 피해자들의 피를 마시고 장기를 소지하고 있던 중 검거된 사건)와 자신을 동일시하여 피해자들의 장기 중 일부를 먹어보았다고 진술.

— 피해자 중 김 모 씨는 분노의 대상자인 전처와 성명과 나이가 같다는 이유로 사체를 심하게 훼손.

마. 종합적인 특성

✳ 피해자의 신체에 대한 완벽한 제압을 통한 조종과 통제 속에서 쾌감을 느끼는 등 연쇄 범죄자 특유의 정서적 인지사고.

✳ 경계선성격장애(Border-line disorder) 성향

— 강한 자존심과 사소한 자극에 대한 민감한 반응과 상처 입음.

— 감정 기복이 심하고, 충동적인 행동, 분노 조절의 어려움.

— 망상적 사고를 동반한 우울증세, 불안정한 대인 관계 양식.

— 만성적 공허감, 자기 손상적(self-damaging) 행동, 자살 시도.

동일한 학대와 심리적 상처를 누군가는 극복하고, 누군가는 극복하지 못한다. 대신 분노와 증오의 뼈대로 설계된 환상 체계를 만든다. 그래서 연쇄살인범은 거짓말탐지기로 잡아낼 수 없다. 적어도 연쇄살인범 자신에게는 면식 없는 사람에 대한 분노와 증오도 충분히 합리적인 감정이기 때문이다. 그들은 "그런 짓을 할 수밖에 없는 타당한 이유를 갖고 있을 테고, 그래서 아무런 잘못도 없다는 망상 체계를 튼튼히 구축했을 것*"이기 때문이다.

괴물이 될 징후를 미리 알아낼 수 있을까? 존 더글러스는 일정 연령 이후에도 계속 나타나는 방화, 동물 학대 등을 연쇄살인범이 될 징후로 봤다. 불행히도 유영철의 성장기는 더글러스의 이론과 들어맞는다. 학대라는 개념어는 유영철이 겪은 구체적 지옥을 전달하지 못한다. 경찰 자료를 종합해보면, 유영철은 강제적으로 낙태의 대상이 될 뻔했고 알코올중독자였던 아버지는 한 동네에 첩을 두었다. 유영철은 쥐를 자주 잡았다고 알려져 있다. 유영철이 간질까지 앓았던 점을 감안하면 그를 둘러싼 환경은 분명 가혹했던 것으로 보인다. 그러나 유영철만큼 가혹한 어린 시절을 보낸 사람이라고 해서 모두 연쇄살인범이 되지는 않는다.

1976년 미국의 게리 길모어는 무차별 살인을 저지른 뒤 스스로를 사형시켜달라고 언론을 통해 주장하여 전국적인 유명인이 되었다. 한편 그에게는 마이클 길모어Mikal Gilmore라는 음악 칼럼니스트이자 작가인 동생이 있었는데, 그는 게리 길모어라는 괴물을

---

* 　존 더글러스·마크 올셰이커, 이종인 역, 《마인드헌터》(비채, 2017), 426쪽.

낳은 어두운 가족사를 자신의 저서 《내 심장을 쏴라Shot in the Heart》*
에 썼다. 그가 주장한 원인은 아동 학대와 아버지의 폭력이었다.
"지금부터 나는 우리 가족의 역사를 거슬러 가고자 한다. 그럼으
로써 무엇이 그 꿈을 악몽으로 만들었는지, 무엇이 그토록 많은 생
명을 앗아가게끔 만들었는지 알게 될 것이다."

유영철의 불행의 시작점은 어디였을까. 20대 초에 특수절도
혐의로 처음 교도소 생활을 했을 때? 모두 네 차례, 도합 7년여의
기간을 보냈던 교도소 수감 시절의 어느 시점? 지금도 어딘가에
살아 있을 유영철의 두 형과 여동생은 그 임계 시점을 알까? 경찰
에 한 번 잡혔다가 탈출한 유영철에게 택시비를 쥐여준 노모와 여
동생은 유영철이 언제 냉혈한이 되었는지 짐작할까? 이 모두가 권
일용이 앞으로 답을 찾아야 할 과제들이었다.

"유영철이 태어난 건지 만들어진 건지, 저는 여전히 결론을
못 내리겠어요. 수많은 사람들이 거듭해서 질문합니다, '연쇄살인
범은 타고나는가, 만들어지는가'. 모르겠어요, 아직도. 존 더글러
스는 못 박아서 '만들어진다'고 서술하죠. 저도 90퍼센트쯤은, 연
쇄살인은 환경이 낳는다는 주의자예요. 그런데 10퍼센트는 모르
겠어요. 똑같은 환경에 처한 사람들 중에 범죄를 저지르지 않은 사
람들이 더 많아요. 이 10퍼센트의 차이는 뭘까요."

2004년 여름은 해마다 그렇듯 더웠다. 코요테는 휴가철을 타
깃으로 한 신곡 〈디스코왕〉을 여름에 즈음해 선보였고, 공포 영화

---

*   Mikal Gilmore, Anchor, 1995.

〈알포인트〉가 개봉했으며, 재벌 2세의 러브 스토리를 다룬 드라마 〈파리의 연인〉이 공전의 히트를 기록했다. 한편 2004년은 정치의 계절이고 정치의 시대였다. 노무현 전 대통령과 열린우리당의 지지율은 아직 높았다. 새로운 정치가 새로운 변화를 낳을 것이라고 믿는 사람들이, 아직 많았다.

권일용의 여름은 세상의 여름과 달랐다. 앞으로도 그럴 것이었다. 그가 맞닥뜨린 한국의 변화는 다른 종류의 변화였다. 권일용이 앞으로 분석해야 할 것은, 컴컴한 심해에 흐르는 해류와 같은 무언가였다. 19세기 말 자본주의 영국의 잭 더 리퍼로부터 1990년대 사회주의 소련의 '붉은 잭 더 리퍼'로 이어지는 사회의 어떤 병리 현상. 타인의 고통에 단 1퍼센트도 공감하지 못하는 괴물의 탄생. '아이엠에프' 이후의 한국 범죄도 이들과 유사하게 변화하기 시작했다.

그해 여름에도 권일용은 "권삐루"라는 별명답게 자주 맥주를 마셨다. 유영철을 면담한 며칠 뒤 권일용은 오랜만에 윤외출과 맥주를 마셨다. 한국 경찰 최초로 프로파일링 직책을 만들고 권일용을 선택한 남자, 자신의 경찰대 동기들보다 승진이 늦은 남자, 자신의 승진이 늦더라도 과학수사가 잘되는 게 더 중요하다고 생각했던 남자는, 잠시 서울 시내 일선 경찰서에서 형사과장으로 근무하고 있었다. 평소 말 많은 두 남자였지만 그날따라 말수가 적었다. 헤어지고 난 뒤 윤외출로부터 문자가 왔다. "고독한 프로파일러를 위하여 오늘도 나는 혼자 술잔을 기울인다."

권일용은 "지랄하네"라고 답신 문자를 썼다가, 지웠다. 서울중앙지법은 2004년 12월 13일 유영철에게 사형을 선고했다.

3

나는 나를 쫓는 자의 얼굴을 알고 있다

현대인들은 서로를 대상화하며, 자신만 생각하느라 타인의 고통을 별것 아닌 것으로 여긴다. …(중략)… 그러면서 우리는 뻔뻔하게 대체 이 야수들이 어디서 왔느냐고 묻는다. 무엇이 이들을 만들었지? 답은, 너무나 명확하게도, 그들은 우리 자신이다. 우리가 그들이다.

브렌트 터비, 《크리미널 프로파일링—행동 증거 분석 입문》

권일용은 동시에 여러 잡지에 여러 작품을 연재하는 소설가와 같았다. 노인 연쇄살인 사건이 잠시 답보 상태에 빠진 2004년 봄에도 권일용은 매일 다른 사건을 검토했다. 일선 형사들의 요청이 없어도 권일용은 거의 매일 살인, 방화 사건 등 강력범죄 현장에 임장했다. 그는 늘 개별적으로 보고된 강력사건이 사실은 동일한 연쇄범의 소행일 수 있다는 의심을 품고 다녔다.

　2004년 4월 9일 아침, 권일용은 종로구 서울지방경찰청 3층 사무실에서 언제나처럼 일선 경찰서의 일일보고서를 넘기고 있었다. 노인 연쇄살인 사건 수사가 제자리걸음인 시점이었다. 권일용은 매일 그러듯이 열다섯 건에서 스무 건 정도의 강력사건 보고서를 훑었다. 보고서를 넘기던 권일용의 손이 갑자기 멈췄다. 영등포구 신길동에서 발생한 동작경찰서의 폭력 사건 보고가 눈길을 잡았다.

　4월 8일 새벽 3시 25분경, 신길 4동 골목길에서 20대 여성이 갑자기 공격받았다. 다세대주택이 늘어선 골목에서, 피해 여성은 뒤따라오는 남자의 인기척을 느꼈다. 불안을 느낀 피해자가 남자에게 핸드백을 던져 주었다. 그러나 남자는 핸드백은 무시하고 계속 뒤따라와 칼로 피해 여성의 왼쪽 옆구리와 배 등을 공격했다. 피해 여성의 비명을 들은 옆집 남성이 창문을 열고 소리쳤다. 범인은 도주했고 여성은 살았다. "남자는 35세 후반 정도 되어 보이고, 170센티미터가 안 되는 작은 키에 마른 체형이며 머리는 대머리, 체크무늬 남방에 반바지"라고 피해자는 진술했다. 피해자는 범인이 "마치 정신병자 같아 보였다"는 말도 덧붙였다.

'어? 이상하다.' 권일용은 본능적으로 보고서를 넘기던 손을 다시 멈췄다. 프로파일러가 범죄 현장을 파악할 때 기본적으로 확인하는 요소들이 있다. 존 더글러스는 범죄 현장을 살필 때 체크할 기본 요소로 범행이 벌어진 현장의 수, 환경, 장소와 시간, 공범 숫자, 흉기 종류, 시신 위치, 사라지거나 남아 있는 물건 등을 꼽았다. '신길동과 칼.' 두 가지 팩트가 대번에 권일용의 눈에 들어왔다. 권일용은 2월에 봤던 일일보고서 내용을 어렴풋이 떠올렸다. 지난 일일보고를 허겁지겁 뒤졌다.

기억이 맞았다. 신길동 흉기 사건 보고 이전에 있었던 일일보고 두 건을 찾아냈다. 2월 13일 아침 6시 30분 신길동 다세대주택 2층 현관에서 20대 여성이 가슴과 배 등을 칼로 찔려 중상을 입었다. 피해자는 백화점 직원이었다.

2월 25일 새벽 1시에는 신길동 다세대주택 3층 현관 앞에서 30대 초반의 여성이 레저용 칼로 복부 등을 찔려 중상을 입는 사건이 있었다. 3, 4층짜리 다세대주택이 몰려 있는 동네였다. 피해자는 화장품 판매를 하며 남편 및 두 딸과 사는 평범한 여성이었다. 공격당하던 순간 옆에는 어린 두 딸이 있었다.

두 사건 보고서 모두 동작경찰서에서 올린 것이었다. MO가 유사해 보이는 세 건의 사건이 존재한다는 것은, 다른 범행이 존재할 가능성을 암시했다. 권일용은 일선 경찰서가 보고하지 않은 사건 파일을 전부 확인해야 한다고 생각했다. 며칠 뒤 권일용은 동작경찰서 인근에 위치한 금천경찰서를 찾아 넉 달치의 '발생보고'를 전부 훑었다.

과연 유사 사건이 존재했다. 1월 30일 새벽 3시 30분 남구로역 부근 다세대주택 현관 앞에서 40대 여성이 배 등을 칼로 찔려 중상을 입었다. 범행 당시 피해자는 거주지인 빌라 1층 출입구에서 우편물을 확인하고 있었다. 등 뒤에서 인기척이 느껴져 다른 거주자가 귀가하는 것으로 생각하고 자연스럽게 길을 비켜줬다. 그리고 공격당했다.

권일용은 네 건의 사건에 대해 본격적으로 케이스링크 작업에 돌입했다. 범행 수법인 MO와 범죄자 개인의 특성을 드러내는 시그너처를 둘 다 면밀히 분석해야 했다. 권일용은 우선 피해자 분석부터 시작했다. 그러나 '피해자 분석'이라는 용어를 오해해선 안 된다. 범죄 피해자를 심리 치료하는 작업과는 전혀 다르다. 프로파일러는 범인을 잡기 위해 피해자의 행적을 지문을 감식하듯 조사한다. 그러나 피해자의 모든 디테일을 알려고 하되 일부러 정서적 거리를 두고 분석한다. "피해자에 대한 의도적 냉담함과 정서적

절연이 필요하다. 피해자는 사물로 여겨진다"고 쓴 교과서의 구절을, 권일용은 잘 알고 있었다. 그리고 "이런 방식의 단점은, 프로파일러가 자신의 인간성을 내려놓게 될 가능성이 있다는 사실"이라는 교과서의 다음 구절 또한 그는 명확히 기억하고 있었다.

악을 잡기 위해서는 일부러 냉담해져야만 했다. 일단 연쇄성이 추정되는 네 건의 피해자 진술서를 급히 읽어봤다. 다행히 네 건 모두 피해자가 사망에 이르지는 않았다. 피해자가 생존한 것은 다행이었지만, 그 대신 살인 현장 사진이 존재하지 않았다. 따라서 참고할 현장 사진은 없었다. 그럼에도 수십 장 분량의 진술서를 살펴보니 연쇄성이 더 짙게 느껴졌다.

"사건이 대부분 가로등 불빛 아래서 벌어졌다는 점과 범인이 굳이 피해자를 돌려 세워서 찌른 점이 특이했어요. 그러니까 피해자들이 안 찔리려고 저항하는 과정에서 팔과 다리에 상처가 많이 난 거죠. 상식적이지 않잖아요. 살인을 하려면 골목길 깜깜한 곳에서 찌르고 도망가야 되는데, 가로등 불빛 앞에서 범행을 저지른 게 특이했죠."

4월 8일 피해 여성의 진술이 결정적인 포인트가 되었다. 그러나 권일용은 이 피해자를 직접 만나지는 못하고 진술서 확인 후에 간단한 통화만 할 수 있었다. 피해 여성이 입은 트라우마 때문이었다. 서울지방경찰청은 생존한 피해 여성의 진술을 토대로 몽타주를 작성할 수 있었다.

권일용은 답은 현장에 있다고 생각했다. "웃으면서 나를 찌른 뒤 보라매공원 쪽으로 달아났다"는 어떤 진술을 기억했다. 권일용은 지도를 큰 사이즈로 출력한 뒤 그 위에 투명 비닐 커버를 씌웠다. 동일한 연쇄범의 범행이라고 추정한 네 건의 범죄 발생 위치를 비닐 커버 위에 각각 다른 색의 사인펜으로 표시했다. 그 뒤 관악구와 금천구의 주요 지선 및 간선 버스 노선과 지하철 노선을 전부 표시했다. 권일용은 손수 만든 '프로파일링 현장 지도'를 손에 들고 4월부터 두 달간 거의 매일 현장을 직접 답사하기 시작했다.

맨 처음 답사 때는 정확히 범행 시간과 같은 시간대에 갔다. 범인의 시각으로 보기 위해서였다. 권일용은 주변 행인들의 주목을 받는 일을 피하기 위해 사복을 입고 갔다. "범행 발생 시간과 똑같은 시간에 범행 장소에 가는 거예요. 진짜 그 장소에, 똑같은 시간대에. 왜냐하면 낮에 가면 너무 많은 시청각적 정보들이 들어와서 범인이 접한 정보가 뭔지를 제가 알 수 없어요. 소음, 시각적 정보, 그리고 누가 날 보는지. 그다음 바람, 소리, 어디 불이 켜져 있는지도요. 이런 것들은 그 시간대에 가지 않으면 알 수 없죠." 이렇게 첫 답사를 한 뒤 낮에 다시 답사했다. 범행 장소를 반복해 걸어 다니며 지하철역과의 거리, '골목길이 이어진 흐름' 등을 다시금 살폈다.

그사이 연쇄성이 추정되는 사건이 추가됐다. 권일용이 금천경찰서의 2월 26일 폭력 사건 보고를 확인했다. 이날 아침 6시 20분 신림동 시장 골목에서 열여덟 살 여고생이 칼로 배 등을 찔려 중상을 입었다. 경북 문경이 고향인 피해 여학생은 방학 때만 서울에서 학원을 다니기 위해 신림동 할머니 집에 묵었다. 권일용의 '프로파일링 현장 지도'에 여고생 공격 사건의 위치와 동선이 추가로 그려졌다. 권일용은 경북 문경으로 직접 내려가 피해자를 만났다.

비슷한 사건이 또 벌어졌다. 4월 22일 새벽 2시 57분경 구로구 고척 2동의 한 빌라 2층에서 여성이 또 공격당했다. 피해자는 스물한 살의 대학생이었다. 대학 입학 후 학과 모임, 동아리 모임, 각종 모임 등으로 귀가 시간이 늦어진 평범한 대학생이 범행의 대상이 된 것으로 경찰은 분석했다. 범인은 귀가 중인 피해자를 뒤따라가 피해자가 현관문을 여는 사이, 미리 준비해 온 식칼로 배 등을 찔러 살해했다.

그 시점까지 이 사건들은 거의 보도되지 않았다. 경찰 스스로 사건의 심각성을 아직 인지하지 못했던 터라 경찰서를 출입하는 사회부 기자들에게 보도 자료가 배포되지 않았다. 경찰이 나서서 언론 브리핑을 하지 않은 살인미수 사건을 사회부 기자가 알아챌 가능성은 극히 낮았다.

그러다 보라매공원 살인 사건부터 언론의 분위기가 달라졌다. 비가 추적추적 내리던 5월 9일 새벽 2시, 20대 초반의 한 여대생이 동작구 신대방동 보라매공원 옆길을 걷고 있었다. 남자친구와 만나고 집에 들어가는 길이었다. 갑자기 나타난 남자가 여성을 칼로 찔렀다. 집에 잘 들어갔는지 확인하려고 전화한 남자친구에게 여성은 "칼에 찔렸다"고 힘겹게 말했다. 여성은 병원에 실려 가던 중에 숨졌다. 숨지기 직전 여성은 "범인은 40대에서 50대 초반으로 키는 170센티미터, 스포츠머리, 베이지색 잠바를 입었다"는 진술을 남겼다. 살해된 여성은 "고등학교 시절 반장을 맡는 등 리더십 있고 쾌활, 사교성 좋아 친구가 많은 편"(경찰 수사백서)이었다. 또다시 누군가의 딸이, 어떤 남자에게서, 아무 이유 없이, 무차별 공격을 받고 죽었다.

보라매공원 사건부터 언론이 연쇄성을 의심하기 시작했다. 〈KBS 뉴스〉는 5월 20일 "부녀자 연쇄 피습, 무서운 밤길"이라는 제목으로 보라매공원 사건과 신길동 사건 및 훗날 다른 범인의 범행으로 밝혀진 사건까지 같이 묶어 보도했다. "방금 보신 이 부녀자 연쇄 피습 사건이, 최근 서울 서남부 지역 일대에서 벌어지고 있는데요, 벌써 부녀자 세 명이 숨지고 한 명이 중상을 입었습니다. 최근 두 달 사이의 일이고 수법도 비슷합니다. 이 지역 주민들은 불안에 떨고 있지만 경찰은 아직까지 아무런 단서도 찾아내지 못하고 있는 실정입니다…. 모두 반경 4킬로미터 지역 안에서 일어난 사건들입니다."

방송 뉴스와 통신사, 종합 일간지가 비슷한 추정 보도를 이어 갔다. 범죄 사건 보도를 거의 하지 않는 스포츠 신문도 사건을 보도할 정도였다. 〈스포츠한국〉은 2004년 7월 5일 자 지면을 통해 "서울판 살인의 추억"이라는 제목의 기사를 보도했다. 기자들이 MO나 시그너처를 이해하고 있지는 않았기 때문에 기사에는 실제 연쇄살인범의 범행과 다른 미제 사건이 섞여 있었다. "비 오는 목요일"에 벌어진 사건이 꽤 있다는 점이 강조되었다.

하필 목요일이야. 지난달 20일 서울 강서경찰서 형사계에 20대 여성 피살 사건이 접수되자 누군가가 불쑥 그렇게 내뱉었다. 올해 초부터 서울 서남부 지역에서 집중적으로 발생한 부녀자 연쇄살인 사건이 주로 목요일에 일어났기 때문. 더욱이 인근 지역에선 '살인 괴담'마저 나도는 상황이다. '살인 괴담'은 1월 30일 서울 구로구 구로동에서 40대 여성에 대한 살인미수 사건으로 시작됐다. 2월 26일엔 관악구 신림동에서 10대 소녀가 가까스로 살인의 마수를 피해갔으나 4월 22일 구로구 고척동에서 20대 여성이 피살되자 '괴담'은 '사실처럼' 받아들여졌다.

〈스포츠한국〉 2004년 7월 5일 보도

훗날 연쇄살인범의 집을 압수수색할 때 이 7월 5일 자 스포츠 신문 지면이 발견됐다. 신길동에서 이유 없이 여성들을 공격했던 그 남자, 군포에서 이유 없이 우유 배달원 여성들을 죽였던 그 남자, 보라매공원에서 성격 쾌활하던 여대생을 이유 없이 찌른 그 남자는 범행 이후 자신의 행위가 묘사된 신문을 사서 읽은 것이다.

그러나 아직 어떤 언론도 권일용을 본격적으로 인터뷰하거나 그의 분석 코멘트를 인용하지 않았다. 서울지방경찰청에 한국 경찰 사상 최초의 프로파일러가 있다는 사실조차 거의 알려지지 않은 상태였다. 2003년 봉준호 감독의 영화 〈살인의 추억〉으로 연쇄살인에 대한 대중적 관심이 높아진 상태였지만, 프로파일링의 개념이나 필요성이 언론에는 아직 많이 알려지지 않았다. 2003년 5월 《한겨레 21》 기자 김창석이 권일용의 코멘트를 전했으나, 코멘트 내용은 프로파일링이 아니라 일반적인 과학수사에 관한 것이었다.

권일용은 2004년 6월 한 달을 한 손에 프로파일링 현장 지도를 들고 걸으면서 보냈다. 답사를 마치고 귀가하는 대신 밤에 서울지방경찰청 3층으로 다시 돌아오는 날이 잦았다. 그러고는 버릇처럼 《마인드헌터》나 서울대학교 권석만 교수의 《현대 이상심리학》

악의 마음을 읽는 자들

을 뒤적였다. 그러다 힘들 때면 옆에 꽂힌 윤동주 시집을 펴 들었다. 그는 윤동주의 시 〈자화상〉을 좋아했다.

산모퉁이를 돌아 논가 외딴 우물을 홀로 찾아가선 가만히 들여다봅니다.

우물 속에는 달이 밝고 구름이 흐르고 하늘이 펼치고 파아란 바람이 불고 가을이 있습니다.

그리고 한 사나이가 있습니다.
어쩐지 그 사나이가 미워져 돌아갑니다.

돌아가다 생각하니 그 사나이가 가엾어집니다.
도로 가 들여다보니 사나이는 그대로 있습니다.

다시 그 사나이가 미워져 돌아갑니다.
돌아가다 생각하니 그 사나이가 그리워집니다.

우물 속에는 달이 밝고 구름이 흐르고 하늘이 펼치고 파아란 바람이 불고 가을이 있고 추억처럼 사나이가 있습니다.

이 시를 좋아하는 이유를 그 스스로도 명확히 설명하지 못했다. 프로파일러 권일용이 야근을 하는 인간 권일용을 바라보는 느낌이기도 했고, 어떤 남자를 잡기 위해 그에게 빙의하는 프로파일러의 처지를 권일용 자신이 보는 느낌이기도 했다.

조사할수록 연쇄성은 더 분명해졌다. 프로파일러는 낡은 도
서카드를 하나도 버리지 않고 매일 번호를 맞춰 종류별로 서랍에
넣는 사서와 같다. 수많은 미제 사건을 케이스링크하는 작업 여러
개를 동시에 진행해야 한다. 이러한 케이스링크 작업은 도중에 답
보 상태에 빠지기도 한다. 프로파일러는 추적이 잠시 멈췄다고 자
료를 버리거나 머릿속에서 지우지 않는다. 잠시 서랍을 닫을 뿐이
다. 그러다 유사한 범행이 다시 발생하면 서랍을 다시 연다. 서랍
을 다시 여는 데는 1년, 2년, 3년 혹은 그 이상이 걸리기도 한다.

권일용은 2004년 여름과 가을 내내 서울 서남부 연쇄살인범
을 추적했다. 40대 초반, 스포츠머리, 170센티미터 키의 남자. 권일
용은 보라매공원 사건 피해자가 숨지기 전에 남긴 진술을 계속 생
각했다. 그러면서 매일 아침 여성을 상대로 한 무차별 살인이 없는
지 일일보고를 예의 주시했다. 고척동 사건과 보라매공원 사건 이
후 언론 보도가 급격히 증가했다. 2004년 7월 유영철이 붙잡히면
서 연쇄살인이 국민적 관심사가 됐다. 경찰은 압박감을 느꼈고, 국
민은 공포를 느꼈다.

범인은 어딘가에 숨어 있다가, 여성을 노려 칼로 찌른 뒤, 달
아났다. 이 사실은 변함이 없다. 매일 권일용은 이른바 '서남부 연
쇄살인범'에 빙의하려고 노력했다. '어떻게 숨었다가, 어떻게 피해
자를 선택하고, 어떻게 그리고 어디로 도망쳤을까.' 그러나 알 수
없는 이유로 유사 범죄가 보고되지 않았다. 권일용은 프로파일링
현장 지도와 사건 파일을 틈틈이 열어봤다. 'MO를 바꾼 걸까?' '냉

각기에 들어선 것인가?' 2004년 겨우내 머릿속 서랍을 여닫는 일상이 반복됐다.

경찰청이 최초의 프로파일러 공채 공고를 낸 직후인 2005년 5월 말, 권일용에게 한 통의 전화가 걸려왔다.

"권 경사님, 군포경찰서 형사계장입니다."

"네, 수고 많으십니다."

"아무래도 저희 관내에 연쇄살인 사건이 벌어진 것 같습니다. 분석 요청드립니다."

권일용은 그제야 그를 떠올렸다. 2004년 현직 경찰들을 상대로 수사연구원에서 프로파일링에 대해 소개하고 알리는 강연을 한 적이 있었다. 권일용에게 전화한 군포경찰서 형사계장도 그 자리에 있던 이였다. 아직 경찰 내부에서도 프로파일링은 낯선 기법이었고, 프로파일링의 필요성을 체감하지 못하는 경찰관들도 많았다. 그러나 그는 MO, 시그너처, 프로파일링의 필요성과 선진국의 무차별 범죄사를 꼼꼼히 메모하고 기억했다.

2005년 5월 30일 새벽 4시 30분 군포시 산본동 다세대주택 골목길에서 40대 초반의 여성이 칼에 찔려 숨졌다. 우유 배달을 하던 중이었다. 피해자는 아들이 둘 있는 중국 동포였다. "말이 많지 않고 명랑하고 착한 편, 계산 관계 깨끗하며 자기표현 확실"한 성격이라고 경찰은 분석했다. '무차별 범죄'가 '묻지마 범죄'보다 적확한 용어이기는 하나, 적어도 이 사건에서는 어폐가 있었다. 연쇄 범행의 피해자들은 모두 여성이었다.

형사계장은 '연쇄성 판단'이라는 권일용의 강연 내용을 떠올렸다. 약 1년 전인 2004년 2월 10일 아침 6시 산본동 주택가 골목에서 20대 후반 여성이 칼에 찔려 숨졌다. 역시 피해자의 직업은 우유 배달원이었다. 유사한 사건이 1년 만에 벌어진 것이었다. 형사계장은 목격자 증언을 토대로 몽타주까지 그려놓고 권일용에게 분석 요청을 한 것이었다.

전화를 받은 권일용은 지체 없이 군포시로 갔다. 권일용은 경기지방경찰청 몽타주 요원이 그린 몽타주를 보고 놀랐다. 그는 지난 2004년 4월 8일 사건 당시 작성했던 몽타주를 바로 떠올렸다. 권일용은 우유 배달원이 숨진 범행 현장을 사건이 발생한 시간과 동일한 새벽 시간대에 가봤다. 연쇄성의 고리를 발견할 수 있었다. "패턴이 나온 거죠. 범인은 한곳에서 기다렸다가 늦게 귀가하는 여성을 목표로 해서 반드시 돌려 세워서 찌르고 죽이는 것이었습니다." 경기도 군포와 신길동, 구로동은 대략 지하철 10여 개 역 구간의 거리로, 그리 멀지 않았다.

이제 권일용이 할 일은 분명해졌다. 프로파일러의 연쇄성 판단은 단순히 논문이나 보고서 따위의 문서 작성으로 그치는 행위가 아니다. 프로파일링은 실제 수사에 영향을 주어야 한다. 권일용은 군포시의 우유 배달원 피살 사건을 포함해 프로파일링 보고서를 작성했다. 때마침 윤외출도 일선 경찰서 근무를 마치고 2005년 서울지방경찰청 과학수사계장으로 돌아온 터였다. 두 사람은 머리를 맞대고 보고서를 작성했다.

권일용과 윤외출은 이 보고서를 일선 경찰서 등에 제출했다. "2004년 초부터 벌어진 일련의 부녀자 공격 사건이 연쇄범의 소행일 가능성이 있다"는 내용이었다. 그러나 일선 경찰서는 여전히 범죄분석팀의 보고서 내용을 수사에 적용하기를 주저했다. 연쇄성을 인정하는 것은 단번에 언론의 주목을 끄는 결과를 낳는다. 경찰은 이를 부담스러워했다.

〈한겨레〉에 "우유 배달 살인 공포" 등의 제목으로 군포 사건이 보도되었다.

지난해(2004년) 2월 경기 군포시 산본동 골목길에서 우유 배달을 하던 20대 여인이 피살된 데 이어 같은 지역에서 우유 배달을 하던 40대 주부가 또 살해됐다.

30일 오전 4시 30분께 군포시 산본동 한 빌라 앞에서 우유 배달원 김 아무개(41, 중국 동포) 씨가 온몸을 흉기에 찔려 신음하고 있는 것을 주민 배 아무개(42) 씨가 발견해 경찰에 신고했으나 숨졌다. 1995년 중국에서 건너온 김 씨는 1998년 생산직 노동자인 한국인과 결혼해 아이 둘을 둔 가정주부다. 김 씨는 지난해부터 자녀의 양육비를 보태기 위해 우유 배달에 나섰다.

앞서 지난해 2월 10일 오전 6시 30분께 산본동 산본시장 안 ㅅ교회 앞에서 손 아무개(당시 28세) 씨가 가슴 등을 찔려 숨졌다. 이곳은 김 씨가 피살된 곳에서 1킬로미터가량 떨어진 곳이다. 홀로 사는 손 씨는 초등학교 1학년인 딸의 양육비와 보험료를 벌기 위해 낮에는 경리사원으로 일하고 새벽에는 우유 배달원으로 생계를 이어왔다.

〈한겨레〉 5월 31일 보도

연쇄성을 찾는 것은 전문적인 노력을 필요로 한다. 연쇄 범죄는 동기를 이해할 수 없는 새로운 사회적 현상이다. 단순히 수사를 많이 해본 경험만으로는 해결할 수 없다. 일선 경찰서에는 수사에 잔뼈가 굵은 베테랑 형사들이 많았다. 그러나 이들은 서로 다른 미제사건을 체계적으로 관리, 검토하는 시스템도 갖고 있지 않았으며, 각 사건의 연쇄 가능성을 검토할 프로파일링의 기본 지식도 없었다. 훗날 동일한 연쇄범의 범행으로 밝혀진 사건들이 발생 당시에는 대부분 공조수사로 다루어지지 않았다.

사람은 자기가 볼 수 있는 것만 본다. 안구 구조상 사람은 옆이나 뒤를 볼 수 없으므로 고개를 돌리는 행위는 매우 중요하다. 연쇄 범행이 존재 가능하며 이를 판단하기 위해서는 전문적인 노력이 필요하다는 생각과 개념은, 고개를 돌리는 행위처럼 볼 수 없는 것을 보게 해준다. 고개를 돌리지 않는 사람은 옆과 뒤를 보지 못하고 지나칠 뿐이다. 일선 경찰서에서는 피해자가 죽지 않았다는 이유로, 훗날 연쇄 범행으로 드러난 사건들을 단순 폭력 사건으로 처리했다. 과거 수사 방식에 따른 관성적 결정이었다. 문제는 이것이 '연쇄 범행'이라는 새로운 현상을 해결하는 데 전혀 도움이 되지 않았다는 점이다.

프로파일링의 필요성과 전문성은 2004년 2월과 4월에 잇달아 벌어진 세 건의 살인미수 사건이 잘 보여준다. 2월 13일 아침 6시 30분에 일어난 신길 5동 사건, 같은 달 25일 새벽 1시에 있었던 신길 2동 사건, 4월 8일 새벽 3시 25분경 벌어진 신길 4동 사건은 많은 점에서 비슷했다. 신길동이라는 지역, 예리한 흉기, 피해자가 여

악의 마음을 읽는 자들

성인 점, 갑자기 뒤에서 공격하는 수법 등 공통점이 많았다.

그러나 일선 경찰서에서는 세 사건의 연관성을 분석하려는 어떤 시도도 하지 않았다. 각 사건들은 해당 경찰서 형사나 수사과의 담당 팀 내에서 단순 상해 사건으로 처리됐다. 심지어 한 경찰서 내에서조차 사건 정보를 공유하거나 대응을 위해 부서 간 공동 회의를 갖는 과정이 없었다. 서울지방경찰청에 보내는 주요 사건 보고에도 세 사건 중 일부가 누락됐다. 이 때문에 권일용이 일부러 일선 경찰서를 직접 방문한 것이다.

범죄의 동기에 대한 시각에 있어서도 권일용과 일선 경찰서 형사들 간에 차이가 컸다. 브렌트 터비는 범죄의 동기, 즉 모티브를 '범인으로 하여금 범행을 하게 만드는 심리적, 물질적 필요'라고 정의했다. 전근대 한국에서 일어난 살인은, 비록 납득은 할 수 없을지언정 이해는 되는 사건들이었다. 모든 죽음에는 이유가 있다고 말이다. 카인이 아벨을 살해한 이래 인류의 살인은 오랫동안 원한, 이해관계 등 몇 가지 분명한 이유로 벌어졌다.

현대 자본주의 대도시의 음습한 구석에서 잉태된 연쇄살인과 연쇄성 범죄는 기존의 관점에서는 이해하기 어려운 무차별 범죄다. 무차별 범죄의 개념과 역사를 모르는 형사들은 미제사건의 유사성을 조사하는 대신 피해자의 전 남자친구 등 원한 관계를 조사했다. 도움이 되지 않았다.

2005년 5월 30일은 권일용이 두 개의 몽타주가 일치함을 발견한 날이다. 신길동, 보라매공원, 구로동 등 서울 서남부 지역 미제사건의 연쇄성이 분명해지는 순간이었다. 미제사건 해결의 실마리가 보이기 시작했다. 그러나 아직은 조금 더 시간이 필요했다.

묵묵히 서울서남부 연쇄살인을 추적하던 권일용이 사실상 최초로 언론과 심층 인터뷰를 했다. 권일용을 프로파일러로 발탁한 뒤 잠시 서울 시내 경찰서 근무를 하던 윤외출은 2005년 말 다시 서울지방경찰청 과학수사계장으로 복귀했다.

윤외출은 한국 경찰 사상 최초의 프로파일링 보고서인 조현길(가명) 범인상 추정 보고서 작업으로 자신감을 얻었다. 범인을 잡고 보니 권일용과 자신의 분석이 그대로 맞았다. 한편에서는 유영철 사건으로 연쇄살인이라는 범죄에 대한 국민적 관심도가 높아진 상황이었다.

2005년 초 경찰청은 '범죄분석요원'이라는 이름으로 프로파일러 열여섯 명의 공채 공고를 냈다. 경찰 사상 최초의 일이었다. 몇 개월 뒤면 1기 프로파일러들이 중앙경찰학교를 졸업하고 일선에 투입될 예정이었다. 경찰에서는 2000년 초부터 2005년 5월까지 5년 넘게 묵묵히 혼자 활동해온 권일용의 성과를 언론에 알릴 타이밍이라 판단했다.

윤외출은 알고 지내던 주간지 《뉴스메이커》*의 기자 박주연에게 슬며시 범죄분석팀의 활동을 설명했다. 민완 기자였던 박주연은 이것이 '새로운 이야기'임을 바로 알아차렸다. 박 기자는 권일용과 만나 2005년 초 장문의 인터뷰 기사를 《뉴스메이커》에 실었다. 권일용에 대한 사실상 최초의 심층 인터뷰 기사로 보인다.

---

* 　현《주간경향》.

　　　　　　　　　　　　　　악의 마음을 읽는 자들

화성 연쇄살인범, 널 꼭 찾아내마!

범인의 심연을 추적하는 국내 최초의 현직 경찰 프로파일러 권일용 경사

몇 년 전 서울 성동구 송정동 동부간선도로변 뚝방길에서 네 살 된 여자아이가 실종된 사건이 있었다. 아이는 실종 9일 만에 주검 상태로 발견됐다. 그것도 사체가 얼굴, 팔, 다리 등이 토막 난 채로 냉동돼 세 개의 검은색 비닐봉지에 나뉘어 등산용 배낭에 담겨 있었다. 사체가 담긴 배낭이 발견된 곳은 실종 장소로부터 200여 미터, 아이의 집에서는 약 500미터쯤 떨어진 주택가 골목이었다. 이 엽기적인 사건은 당시 신문, 방송 등 각 언론 매체에서 대대적으로 보도해 큰 주목을 끌었다. 하지만 범인의 행방은 오리무중이었다. 목격자들의 증언도 신빙성이 크게 떨어졌다.

범인의 족적도 지문도 나오지 않았다. 다만 냉동된 아이 몸통에 선명히 드러난 줄 자국을 통해 범인이 가정용 구형 냉장고를 사용하고 있다는 사실과, 배낭 어깨끈의 길이를 통해 체형만 짐작했을 뿐이다.

서울지방경찰청 형사과 과학수사계 범죄분석팀의 권일용(41) 경사는 당시 범인의 연령대와 성격, 직업, 거주지, 체형, 대인 관계 여부 등을 정확히 추정해냈다. 권 경사는 당시 국내 최초이자 유일의 현직 경찰 프로파일러(profiler: 범죄심리분석관)였기 때문이다. 경찰청 감식반이 유전자, 지문 등 눈에 보이는 유류물을 채취하는 일을 한다면 프로파일러는 증거가 불충분할 때 범행 현장에서 무형의 증거를 찾아 범인이 어떤 사람이고 어떤 동기로 범행을 저질렀는지 추정한다. 이를 통해 수사관들이 용의자의 범위를 축소할 수 있도록 돕는다. 이를 프로파일

링 수사 기법이라고 하며, 미국연방수사국(FBI)에서 1978년 처음 도입했다. 권 경사는 국내에 2000년 2월 서울지방경찰청에서 프로파일링 수사 기법을 도입하면서 이 업무에 처음 발을 들여놓았다. 이전에도 8년간 현장감식을 하며 과학수사계에 몸담았지만 프로파일링 업무는 처음이었다.

(중략)

"날이 갈수록 범죄자들도 지능화하고 있어요. 언론 매체 등을 통해 학습을 하기 때문에 수법도 교묘해지고 지문이나 흉기, 유전자 등 증거도 남기지 않아요. 게다가 자기 내면의 문제를 해소하기 위해 불특정 다수를 대상으로 범죄를 저지르는 범인이 늘고 있죠. 흔히 '무동기 범죄'라고 하지만 이는 잘못된 표현이에요. 범인이 성장한 환경 등 범죄에는 반드시 동기가 있어요. 다만 범행 대상이 불특정 다수라는 것이죠. 범인들은 자신들이 어떤 증거도 남기지 않았다고 믿지만 범행 현장 곳곳에는 범인의 성격이나 성장 및 생활환경, 심리 상태가 묻어 있어요. 프로파일러가 필요한 이유예요."

박주연 기자는 권일용의 업무와 그 성과의 핵심을 제대로 포착했다. 권일용이 프로파일러 발령 이후 국립과학수사연구소 연구자 두 명과 함께 수년간 전국의 경찰서에서 면담을 진행한 사실도 소개했다. 이 면담 자료가 훗날 범죄자를 밝혀내는 데이터베이스가 된다는 점 또한 전했다. 현재 〈경향신문〉에 소속된 박주연 기자는 2018년에 가진 나와의 통화에서, "당시 권일용 경정은 지금처럼 달변은 아니었다"고 당시의 만남을 떠올렸다.

2006년 1월, 권일용과 윤외출이 꿈꾸던 일이 마침내 현실이 됐다. 프로파일링 팀이 만들어진 것이다. 이달 충북 충주의 중앙 경찰학교에서 졸업식이 있었다. 2005년 5월 채용된 1기 프로파일러 열여섯 명 중 열다섯 명이 다른 경찰 동료들과 함께 섰다. 한 명은 지병으로 이듬해에 졸업했다. 서울에 있던 권일용은 일부러 정복을 입고 충주로 내려갔다. 1기 프로파일러 중 세 명에게 직접 계급장을 달아주었다. 1기 열다섯 명은 서울지방경찰청에 배치된 두 명을 포함하여 전국의 각 지방경찰청 과학수사계에 한두 명씩 배치되었다.

서울지방경찰청 김경옥, 김윤희. 인천지방경찰청 이진숙. 대전지방경찰청 정세민. 대구지방경찰청 추창우. 울산지방경찰청 유지현. 부산지방경찰청 조정혜. 경기지방경찰청 고준채, 오정은. 강원지방경찰청 이미연. 광주지방경찰청 고선영. 전남지방경찰청 김성환. 경남지방경찰청 정혜정. 제주지방경찰청 백승경. 그리고 시민들은 2018년 언론 인터뷰 기사에서 이 중 상당수의 이름을 다시 보게 된다.

권일용에게 팀원이 생기는 순간이었다. 미국의 제임스 브러셀 James A. Brussel* 박사가 최초의 현대적 프로파일링을 시도한 것이 1950년대 중반이다. 이후 여러 범죄학자와 수사관들이 1950~1960년대에 크리미널 프로파일링의 이론과 방법론을 심화시켰다. 잭 커시|Jack

---

* 미국의 범죄심리학자. 1950년대 뉴욕 연쇄 폭탄 테러 사건 당시 최초로 현대적 프로파일링 기법을 사용해 경찰이 테러범을 검거하는 것을 도왔다.

Kirsch는 1972년 에프비아이 내에 최초로 정규 프로파일링 조직인 행동과학팀, 즉 BSU를 창설했다. 미국보다 약 30여 년 늦게 한국에도 프로파일링 조직이 창설된 것이다.

프로파일러 한 명과 프로파일링 팀에는 큰 차이가 있다. 상호 토론과 교차 검증으로 범인상 추정의 정교함을 높이고, 오류 발생 가능성을 줄인다. "훈련받은 팀이 최고의 수사를 만들어낸다"(《범죄 분류 매뉴얼》)는 문장이 이유 없이 쓰인 게 아님을 권일용은 잘 알았다.

김윤희와 김경옥은 둘 다 심리학 연구자 출신이었다. 김윤희는 2005년 프로파일러 공채에 응모하지 않았다면 유학을 다녀와 심리학과 교수가 되었거나 변호사가 되었을지도 모른다. 공부를 잘했다. 학부 전공은 경영학인데, 대학 2학년 때 들었던 심리학개론 수업이 재미있었다. 경영학보다 심리학 책을 잡는 시간이 점점 길어졌다.

김윤희는 범죄분석요원 공채 응모 전 범죄심리 관련 학회 모임에서 권일용과 윤외출을 처음 봤다. 모임이 끝나고 김윤희가 두 사람과 같이 엘리베이터를 탔다는 사실을 권일용과 윤외출은 기억하지 못했다. 윤외출이 엘리베이터에서 "외가에서 태어나서 이름이 외출이야"라고 권일용에게 썰렁한 농담을 던지는 걸 옆에서 다 들었다. "그때 저분들이랑 같이 일하고 싶다는 목표가 생겼어요. 경찰학교 때 1등을 해야겠다고 생각했죠."

김경옥과 김윤희 둘 다 형사소송법 같은 이론 수업보다 체포술, 체력 훈련이 더 힘들었다. 그러나 둘 다 악바리였다. 자기 전에

이를 악물고 팔굽혀펴기를 하고 잤다. 1기 프로파일러 졸업자 열다섯 명 중에서 김윤희, 김경옥이 나란히 1, 2등을 했다. 김윤희는 엘리베이터에서 꿈꿨던 대로 프로파일러 후배가 되어 권일용 앞에 서게 됐다.

그러나 이들이 실질적인 도움이 되려면 시간이 필요했다. 권일용은 김경옥과 김윤희에게 버릇처럼 "너희는 프로파일러이기 전에 경찰이라는 자각을 가져라"라고 말했다. 권일용은 두 사람에게 혼자서 작성해온 서남부 연쇄살인 사건 파일을 주며 분석해보라고 지시했다. 훗날 범인이 잡힐 때 이 사건 파일이 연쇄성 입증 자료가 될 것이었다.

권일용은 2004년 4월에 연쇄성 포착을 한 뒤, 2005년 5월까지 대략 다섯 건에 대해 연쇄성이 있다고 판단했다. 그러다 범행이 멈추는 냉각기가 닥쳤다. 냉각기에 당장 더 할 수 있는 건 없었다. 마치 두더지 잡기 게임처럼, 연쇄살인범의 추가 범행이 어느 순간 불쑥 당직 사건 보고서에 등장할 것이었다. 권일용은 매일 두뇌의 안테나를 세웠다.

그러던 차에 연쇄살인범의 패턴이 바뀌어 침입 사건이 나오기 시작한 것이었다. 2006년 3월 28일 아침, 잔뜩 긴장해 주요 사건 보고서를 훑던 권일용이 종이를 넘기던 손을 멈췄다. 관악경찰서의 보고였다. 전날인 3월 27일 새벽 5시경 관악구 봉천동 단독주택 2층에 불이 났다. 자고 있던 10대와 20대 세 자매가 머리를 둔기로 맞아 두 명이 죽고 한 명은 중상을 입었다. 집은 불탔고, 자고 있던 아버지만 탈출해 살았다.

수사팀은 관례대로 우선 피해자 가족 주변의 원한 관계나, 보험금 등 이해관계를 먼저 조사했다. 수사팀은 조사 과정에서 가스레인지에서 불이 시작됐고 당시 가스레인지 위에 냄비가 올려 있었음을 확인했다. 아버지가 올려놓은 냄비였다. 경찰은 아버지를 피의자 후보군에 올리고 추궁했다. 무차별 범죄 가능성은 별로 고려되지 않았다.

권일용은 사건 보고서를 본 뒤 곧바로 분석에 착수했다. 관악경찰서 일선 형사들과 달리 그는 '분노범죄'일 가능성이 있다고 보았다. 나아가 서울서남부 연쇄살인 사건과의 관련성도 배제하지 않았다. 분명 2005년 언론에 집중 보도된 서울서남부 연쇄살인 사건들과는 MO가 달랐다. 이번 관악 방화살인 사건은 노상에서 벌어진 것이 아니라 누군가가 주택에 침입해 저지른 것이었다. 범인이 불을 지른 점, 예리한 칼이 아니라 둔기가 사용된 점도 달랐다.

그러나 권일용은 유영철을 추적하는 과정에서 범인이 범행을 반복하면서 MO를 스스로 변화시킨다는 점을 학습했다. 하나 범인은 MO는 바꿔도 시그너처는 바꾸지 못한다. 권일용은 시그너처에 주목했다. 침입 행위는 복잡하게 계산되거나 준비된 것이 아니었다. 권일용은 침입 행위보다 범행 전반에 드러난 특징에 주목했다. 다름 아닌 피해자에 대한 통제 욕구였다.

권일용은 즉각 프로파일링 보고서를 작성해 수사팀에 전달했다. 주요 내용은 다음과 같다.

악의 마음을 읽는 자들

범인 유형 추정 내용(프로파일링)

✳ 지적 능력과 판단력
— 범행 과정에 대한 세밀한 계획을 세우고, 이를 실행하는 자.
— 범행 전반에 관한 종합적 사고와 판단 능력은 부족한 상태.

✳ 성격적 특성
— 종합적 사고와 판단 능력 부족으로 인한 사회적 활동 제약, 대인관계 형성 능력 부족으로 인하여 내성적 성격.
— 범죄 성향의 발현 시기를 현장에 나타난 범죄 행동과 정신병리학을 바탕으로 추정하였을 때 20대보다 30대 중반의 남성으로 추정.

✳ 프로파일링 종합 결과
— 범행 동기는 성욕, 물욕 등 자신에게 제약된 사회적 욕구를 충족시키기 위함으로 추정.
— 치밀한 계획성에 의해 신속한 범죄를 저지르고 있으나, 종합적 사고와 판단 능력은 부족.

2006년 4월 20일은 한국 프로파일링계에서 중요한 사건이 벌어진 날이다. 권일용은 봉천동 방화살인 사건을 분석한 파일을 들고 4월 20일 낮 관악경찰서의 해당 지구대로 향했다. 윤외출은 물론 김경옥과 김윤희까지, 서울지방경찰청 과학수사계 범죄분석팀

의 프로파일러들이 전부 동행했다. 서울지방경찰청의 프로파일링 팀이 일선 경찰서 형사들에게 사실상 최초로 체계적인 브리핑을 한 것이다. 미래를 보고 범죄분석팀을 만든 윤외출의 도전 정신, 지난 5년간 홀로 묵묵히 프로파일링을 해온 권일용의 집요함, 때마침 불어온 연쇄살인에 대한 언론의 관심 등이 이를 가능케 했다. 원한 관계를 우선순위에 두고 수사를 해온 수사팀 형사들이 회의실에 모였다.

"자기 분노를 표시하는 범죄입니다. 피의자는 동일한 범행 도구를 가지고 있을 겁니다. 밤에 들어오는 조그만 에피소드라도 잘 봐야 합니다. 왜냐하면 모든 살인 시도가 성공하지는 않기 때문입니다. 밤에 단순 폭력으로 들어온 사건도 잘 봐야 합니다. 피의자의 연령은 35세 전후일 겁니다. 탐문할 때는 말을 계속 시키세요. 사회적 관계 유지 능력이 떨어지면 타인의 눈을 피합니다."

권일용의 프로파일링은 교과서적이었다. 범인상 추정에 그치지 않고 현장의 형사들에게 구체적 지침까지 준 것이다. "크리미널 프로파일러는 일반적으로 사건을 직접 해결하지 않는다. 수사 단계에서 프로파일러는 수사팀이 중요한 결정을 할 때 정보를 제공함으로써 피의자를 잡도록 돕는다"는 교과서 구절을 권일용은 기억했다.

서울 서남부 연쇄살인범이 잡혔을 때 범인의 나이는 35세였다. 권일용이 공부하고 분석한 국내외 무차별 범죄 사례를 보면 분노범죄 가해자의 연령은 34~36세가 가장 많았다. 연쇄살인범 체포에는 폭력 사건도 유심히 보라는 권일용의 조언이 큰 기여를 했다.

브리핑을 마치고 지구대를 나선 권일용은 김윤희의 차에 올랐다. 김윤희는 이제 막 면허를 딴 상태였다. "천천히 가자, 윤희야." 초보 프로파일러이자 초보 운전자 김윤희가 모는 차는 좁은 골목에 세워진 오토바이 백미러를 연속으로 치고 지나갔다.

그날, 권일용과 윤외출은 마주 앉아 설렁탕을 먹었다. 두 사람은 무고한 피해자가 더 나오기 전에 범죄를 막아야 한다는 데 뜻을 모았다. 시간이 촉박했다.

2006년 4월 22일 토요일 새벽 4시 40분, 영등포구 신길 6동 다세대주택 건물의 반지하 세대에 누군가가 몰래 침입했다. 작은방에서는 20대 중반 남자와 그의 여자친구가 함께 자고 있었다. 안방에는 남자의 아버지가 있었다. 현관문을 잠그지 않은 것이 화근이었다. 범인은 작은방에 들어가 20대 남자의 지갑을 뒤졌다. 현금과 문화상품권이 있었다. 그때 20대 남자가 잠에서 깼다. 범인이 남자를 파이프렌치로 다섯 차례 가격했다. 소음을 듣고 안방에 있던 남자의 아버지가 깨어나 범인에게 달려들었다. 20대 남자와 그의 아버지는 격투 끝에 범인을 제압했다.

신고를 받고 출동한 지구대 경찰관들이 범인의 손을 앞으로 하고 수갑을 채웠다. 경찰이 피해자들의 상태를 살피는 사이 범인이 수갑을 찬 채로 도망갔다. 그러나 멀리 가지는 못하고 근처 가정집 옥상에 숨어 있었다. 그 사실을 알고 공포를 느낀 한 주민이 경찰에 신고했다. 범인은 근처를 수색 중이던 지구대 경찰관에게 다시 검거됐다. 영등포경찰서 관할인 인근 지구대에서 범인은 신체 수색 및 신원 확인 절차를 밟았다.

지구대 경찰은 피의자의 이름을 타이핑했다. 정남규. 곧 전 국민이 알게 되고 이후 모든 범죄심리학 교과서에 등재될 이름이었다. 앞으로 연쇄살인과 관련된 언론의 기획 보도에 끊이지 않고 등장할 이름이었다. 그러나 지구대의 경찰관들은 아직 검거된 범인의 실체를 제대로 파악하지 못하고 있었다. 어쨌든 피해자가 죽지는 않았다. '강도상해범'으로 서울지방경찰청에 보고를 올렸다.

인지認知는 힘이 세다. 정남규 사건에서 프로파일링이 수사와 기소에 결정적으로 큰 역할을 했다. 윤외출은 "프로파일링이 범인 검거나 체포에 적극적인 기능을 했던 첫 케이스가 정남규 사건이에요. 지금도 나는 일선 경찰서에서 서울지방경찰청에 올려 보낸 그 공문을 경찰관들 상대로 교육할 때 쓰고 있어요. 처음에 일선 경찰서에서 서울지방경찰청 강력계로 검거 보고를 올렸어요. 제목이 뭔 줄 알아요? '강도상해범 검거 보고'였어요." 정남규 사건은 경찰 안에서 프로파일링의 필요성을 인정받는 결정적 계기가 됐다.

영등포경찰서의 형사들은 자기들이 누구를 체포했는지도 몰랐다. 다른 미제사건들과의 연관성 조사를 해야 한다는 생각도 희미했다. 아무리 좋은 카메라를 가진 사진기자도 자신이 촬영해야 할 취재원取材源의 이름과 얼굴을 기억하지 못하면 그가 바로 옆에 서 있더라도 찍지 못한다. 아는 것이 힘이다. '밤에 주택에 침입해 물건을 훔치려다 사람을 다치게 한 행위'는 형법상 강도상해죄에 해당한다.

물론 이 또한 나쁜 범죄지만 강도상해죄는 무차별 연쇄살인과는 형량이 전혀 다르다. 이대로 단 한 건의 강도상해죄로 검찰에 송치하고 검찰이 그대로 기소하면 판례상 징역 수 개월 또는 집행유예에 그칠 위험도 있었다. 광견병 걸린 개를 잡아놓고 남이 버린 애완견으로 착각해 풀어주는 꼴이다. 윤외출은 "그냥 송치하면 끝이에요. 그러면 징역 6개월을 받든, 아니면 집행유예를 받든, 잠시 뒤에 풀려나오는 거죠"라고 말했다.

서울지방경찰청 박명춘 강력계장은 베테랑이었다. 4월 22일 영등포경찰서가 보낸 강도상해 검거 보고서를 넘기던 그는 글자를 훑어 내리던 시선을 멈췄다. "여자를 쇠망치로 가격했다." 쇠망치. 당시 서울지방경찰청 과학수사계와 강력계는 서남부 살인사건이 벌어진 뒤 미제사건들 사이의 연관성 여부를 확인하려고 자주 회의를 하고 여러 미제사건의 정보를 공유한 상태였다. 박명춘은 관악구 세 자매 살인방화 사건 때 자매 둘이 둔기에 가격당했음을 기억했다. 돈을 훔치려는 평범한 강도는 망치를 사용하지 않는다. 거의가 칼을 사용한다.

박명춘이 과학수사계장 윤외출에게 곧장 전화를 걸었다.

"윤 실장, 영등포 서에서 강도상해범 검거 보고가 올라왔는데 쇠망치로 여자를 가격했다네요. 이상하지 않아요?"

"망치요? 이상한데요?"

윤외출은 비번인 권일용에게 전화를 걸었다.

"지금 어디예요? 당장 범죄분석팀으로 좀 들어와주셔야 할 것 같습니다."

그때 권일용은 봉사 활동 중이었다. "그날이 토요일이에요.

아직도 4월 22일이라는 날짜가 잊히지도 않아요. 당시 매주 토요일 정신장애인 관련 기관에서 봉사 활동을 했어요. 갑자기 윤외출 실장에게서 전화가 걸려왔습니다. 들어와봐야 될 것 같다는 거예요. 부리나케 차를 몰고 종로구 범죄분석팀 사무실에 가서 검거 보고서를 보니, 느낌이 오더군요. '그놈이구나'라고."

신참 프로파일러 김윤희는 비번이었다. 서초구 반포동의 백화점에 이모와 함께 있었다. 갑자기 휴대전화가 울렸다. 권일용이었다. 영등포경찰서로 당장 달려오라는 지시가 떨어졌다. 주차한 차를 다시 빼려면 시간이 걸릴 것 같았다. 게다가 주말 교통 체증도 있었다. 김윤희는 이모에게 별다른 설명도 없이 백화점 주차장에 차를 그대로 둔 채 택시를 잡아타고 영등포경찰서로 갔다. 그러고는 영등포경찰서 과학수사계 사무실에서 어색하게 권일용을 기다렸다.

권일용은 서울지방경찰청 사무실을 나와 곧장 영등포경찰서로 향했다. 검거 이후 경찰은 범인의 신발 족적을 미제사건 기록들과 재빨리 대조해둔 상태였다. 정남규의 4월 22일 족적은 2005년 4월 시흥 3동에서 여성과 남자아이가 둔기로 머리를 맞아 중상을 입었던 사건 현장의 족적과 일치했다. 신발과 장갑은 바로 그 전달에 벌어진 봉천 8동 세 자매 살인 사건 현장 기록과 일치했다.

여기서부터 서울지방경찰청의 협업이 빛을 발했다. 권일용도 지난 5년간 실력을 쌓았지만, 현장에서 잔뼈가 굵은 일선 경찰서 형사들 중에는 17년 차의 경사 권일용보다도 선배인 이들이 즐비했다. 이들에게 프로파일링 기법을 권유하기에는 아직 권일용의 권위가 모자랐다. 이때 서울지방경찰청 박학근 형사과장이 나섰다. 지방청 과장의 계급은 총경으로, 일선 경찰서의 서장과 같은 직위다. 많은 경찰이 총경 승진에 매달릴 만큼 중요하고 높은 계급이었다. 박학근은 영등포, 관악, 구로, 금천 경찰서 형사과장 네 명을 모두 불렀다.

"지금부터 피의자를 권일용이가 만나고 올 텐데, 권일용의 지시를 듣고 나서 조사를 시작합시다. 권일용이 시키는 대로 하세요."

평범한 강력반 조사처럼 하지 말라고 지시한 것이다. 프로파일러 권일용이 단독으로 먼저 범인을 면담한 뒤 그에게서 신문 지침을 받으라는 취지였다.

인터뷰의 성패는 공부에 달려 있다. 인터뷰어가 인터뷰이에 대해 얼마나 알고 있느냐가 관건이다. 김윤희와 김경옥은 정남규의 전과 등을 급히 확인했다. 정남규는 스무 살인 1989년 특수강도죄로 징역 2년 6개월 형을 선고받았다. 집행유예를 받아 교도소에서 실제로 복역하지는 않았다. 1994년에 절도죄로 체포됐으나 다시 집행유예를 받았다. 1996년부터는 그다지 운이 좋지 않았다. 1996년 절도강간 등의 혐의로 징역 2년 6개월 형을 선고받고, 복역했다. 출소 직후인 1999년 또다시 강도강간 혐의로 2년을 교도소에서 보냈다. 2002년 다시 절도죄로 징역 10개월 형을 선고받고 2003년 2월에 출소했다. 정남규는 전부 합쳐 5년 4개월을 교도소에서 보냈다.

권일용은 두 후배가 작성한 정남규의 일대기를 급히 훑어봤다. 정남규는 교화되지 않았다. 사실상 중단 없이 이어진 5년 4개월의 교도소 생활 어느 시점에, 정남규는 괴물이 되었을 것으로 추정되었다. 권일용은 머릿속에서 정남규와의 면담을 상상했다. 첫 마디를 어떻게 던질 것인가. 마치 평균대 위에서 균형을 잡는 체조 선수처럼, 권일용은 정남규와 감정의 줄타기를 해야 했다.

권일용은 2006년 4월 22일 오후 1시 영등포경찰서 진술녹화 실에 들어갔다. 옆에는 서울지방경찰청 형사과 과학수사계 경감 이 있었다. 두 남자와 정남규가 테이블을 사이에 두고 마주 앉았 다. 면담의 목표는 분명했다. 권일용 등은 명확한 가설을 갖고 있 었다. 지금까지의 프로파일링은 정남규가 단순한 강도상해범이 아니며 더욱 중한 여죄를 저질렀음을 보여주었다. 그 가설을 자백 과 증거로 입증해야 했다. 정남규의 마음을 열고 여죄를 자백받는 것이 면담의 목표였다.

권일용의 머릿속에는 면담 전략이 있었다. 면담 전략을 세우 는 프로파일러는 중요한 질문을 스스로에게 던져야 한다. "내가 용의자의 입장이라면 무엇이 가장 취약한 점일까?" 4월 22일 사건 이전에 권일용이 작성한 정남규 프로파일링의 결론은 "소심한 공 격성"이었다. 권일용은 지난 3월 살인방화 사건 현장을 근거로 이 처럼 판단했다.

"과학수사 감식요원들은 족적 자체를 감식하고, 프로파일러 는 족적의 방향을 보죠. 지난 3월 주택 침입 살인방화 사건 현장에 서 발자국은, 방이 여러 개일 경우 모두 작은방으로 향해 있었습니 다. 왜냐하면 큰방에는 주로 남자가 있고 작은방에 여성이나 아동 이 있기 때문이죠. 그런 행위를 보고 공격성은 굉장히 높지만 그렇 다고 대범한 사람은 아니라고 판단했습니다."

권일용은 정남규가 강도강간 혐의로 징역형을 받은 사실을 떠올렸다. 대화의 고리로 교도소 경험을 언급하기로 마음먹었다. '소심하고 공격적인데 비사교적인 정남규가 교도소에서 생면부지의 범죄자들과 한방을 쓰며 큰 스트레스를 받았을 것'이라고 생각했다.

권일용은 언제나처럼 경계심을 누그러뜨리는 첫마디를 던졌다.

"당신을 잘 알고 있는 사람이다. 도와주러 왔다. 누구와 살고 있는가?"

이마가 벗어지고 옆머리를 늘어뜨린 왜소한 남자는 말했다.

"어머니, 남동생과 살고 있습니다. 아버지는 돌아가셨습니다."

권일용이 범행 동기를 묻자 정남규는 이렇게 답했다.

"돈 많은 강남 지역을 돌아다니며 범죄를 하려 했지만 워낙 경비가 심해 못 했습니다. 결국 돈 없이 사는 사람들이 허술하게 살다가 피해자가 된 것뿐입니다."

"피해자들에게 미안한 생각이 들지는 않는가?" 권일용이 물었다.

"없이 사는 게 잘못입니다." 정남규가 답했다.

권일용은 분노를 감추기 위해 노력하면서, 준비한 대로 대화를 이어갔다.

"과거에 교도소에서 모르는 사람들과 생활하면서 얼마나 고통스러웠는지 나는 잘 알 것 같다. 여기 형사들은 당신을 때리지 않을 것이며, 충분히 당신을 이해하는 사람들이다. 나와 계속 대화를 진행하겠나?"

교도소를 언급하자, 차가운 태도를 보이던 정남규가 갑자기 권일용을 쳐다봤다.

"어떻게 알았어요?" 정남규는 말을 이어갔다. "고통은 이루 말할 수 없었습니다. 수감자들에게 정말 많이 맞았습니다."

권일용이 교도소에서의 고통을 언급한 것이 실제로 정남규를 심리적으로 무장해제시킨 것이다. 정남규는 이어서 말했다.

"내 범죄에 대해 모두 말하겠습니다. 그런데 장소를 일일이 기억하지는 못합니다. 마구 돌아다니며 범죄를 저지른 것이기 때문에 전부 찾아갈 수는 없을 것 같습니다."

정남규의 이런 태도에 대해 "마치 그의 마음속에 남아 있던 큰 둑이 무너지는 것 같은 느낌"이었다고 권일용은 기억했다.

"이번에는 수감자들이 때리지 않도록 도와주겠다."

권일용이 경계심을 낮춘 정남규에게 말했다.

"어차피 사형당할 것 아닌가요?"

정남규가 권일용에게 되물었다.

"그런 생각 하지 말고 나중에 또 이야기하자."

권일용이 2006년 3월 봉천동 세 자매 살인방화 사건 뒤 작성한 프로파일링 보고서 내용과 정남규의 성격은 상당 부분 일치했다. 정남규는 법학을 공부하고 달변이었던 연쇄살인범 테드 번디나 종교 지도자처럼 행동했던 찰스 맨슨과는 달랐다. 지적인 것과는 거리가 멀었고, 말도 어눌했다. 말을 더듬고 비사교적이었던 연쇄살인범 데이비드 카펜터와 비슷했다.

권일용은 면담 직후 수사팀을 위해 급히 보고서를 작성했다. 주요 내용은 다음과 같다.

정남규 최초 면담 보고

✴ 행동 특징

— 대화할 때 손가락을 자주 움직이는 등 불안을 보임.

— 전형적인 대인 회피 성향.

— 수감 생활 당시 대인 스트레스가 심했을 것으로 판단. 교도소 생활에 대해 "그 고통은 이루 말로 다 할 수 없다, 모두 나를 싫어하고 많이 맞았다"고 진술.

— 자신이 세상에서 불이익을 가장 많이 받고 살고 있으며 가난한 사람이라 늘 손해만 본다는 일종의 편집증적 사고.

— 범행 시 신속한 결정과 도주 방법 선택 등 자신의 행위를 모두 지각할 수 있는 상태.

✴ 전략적 심문 방법에 관한 제안

— 사회와 상호 작용이 원만하지 않으므로 수사관이 큰 소리를 치거나 화를 낼 경우 진술 거부 가능성 높아.

— 그러나 동시에 피의자에게 지지하는 투로 다소 동정적인 접근을 시도하는 것은 좋지만, 추켜세우거나 범죄 행동 자체를 인정해주면서 그럴 수 있다는 식의 대화를 유도하면 안 됨. 수사관들이 원하는 것을 얻기 위해 의도적으로 하는 행동이라 생각할 수 있음.

— 대인 회피 성향이 강하므로 많은 수사관이 주변에서 일관되지 않은 내용을 순서 없이 질문하기보다 대화를 잘하는 한 명의 수사관이 조사를 진행하는 것이 효과적.

정남규가 자백하기 시작했지만, 싸움은 아직 끝나지 않았다. 권일용은 서울지방경찰청에 있는 윤외출에게 1차 면담에 관해 보고했다. 유영철이 과시욕 때문에 자신이 하지도 않은 범행을 자백했듯 정남규도 허위 자백을 했을 가능성이 있었다. 프로파일링은 다른 과학수사로 확인, 검증되어야 한다. 윤외출은 권일용의 보고를 받자마자 즉시 서울지방경찰청 감식요원들에게 정남규의 집 압수수색을 지시했다. 경찰들이 차에 올라타 시동을 걸었다.

4월 24일 오전 영등포경찰서 기자실이 바빠졌다. 수사팀은 이틀간의 조사 뒤 정남규 검거를 기자들에게 '풀'하기로 했다. 풀이란 어떤 사실관계를 기자들에게 알린다는 뜻의 은어다. 오랫동안 관악구, 금천구 주민들을 공포에 떨게 했던 사건의 전모가 곧 드러날 것이었다. 다음 날 신문 가판대에는 비슷한 제목의 1면 기사가 많이 보였다. "서울판 살인의 추억 잡혔다"라는 제목의 보도도 있었다.

2004년 서울 서남부 지역 주민들을 공포에 떨게 했던 서울판 '살인의 추억'의 유력한 용의자가 경찰에 붙잡혔다. 용의자는 경찰에서 '부자만 보면 죽이고 싶었다'고 말했으나, 실제로는 이 사건을 포함, 보통의 여성 다섯 명을 살해한 것으로 드러났다.

서울 영등포경찰서는 "22일 영등포구 신길동에서 일어난 강도 사건 용의자 정남규(37) 씨를 붙잡아 여죄를 추궁한 끝에 지난달 '봉천동 세 자매 피습 사건'과 2004년 서울 서남부 일대 부녀자 살해 사건에 대해서도 범행 일체를 자백받았다"고 24일 밝혔다.

경찰에 따르면 정 씨는 지난달 27일 서울 봉천 8동 김 모(55) 씨의 단독주택 2층에서 잠을 자고 있던 김 씨의 세 딸을 둔기로 때려 이 중 두 명을 살해하고 방화했다.

〈경향신문〉 4월 24일 보도

신문과 방송은 4월 24일 경찰 브리핑 이후 정남규의 추가 범행이 드러날 때마다 후속 보도를 했다. 정남규 사건은 곧 국민적 관심사가 됐다. 경찰은 수사에 더 속도를 냈다. 언론의 관심이 집중된 상태에서 정남규의 집을 압수수색했다.

프로파일러도 현장에 가야 한다. 감식요원은 발자국 자체를 감식하고, 프로파일러는 발자국이 난 방향을 본다. 프로파일링에서 범죄 현장 분석은 그만큼 중요하다. 권일용도 다른 형사들과 함께 인천 부평구 정남규의 집으로 향했다. 4월 30일 일요일, 비가 조금 오다 그친 날이었다. 주말 출근은 흔한 일이었지만, 그날은 아내에게 더 미안했다. 권일용 부부의 결혼기념일이었기 때문이다.

다세대주택이 늘어선 주택가에 경찰차들이 섰다. 10여 명의 형사들이 2층 단독주택 앞에서 내렸다. 좁은 주택가 골목이 금세 어깨 넓은 남자들로 꽉 찼다. 형사들은 현관 앞에 내려와 있던 노인을 발견했다. 정남규의 어머니였다.

"무슨 일입니까?"

노인이 먼저 권일용에게 말을 걸어왔다.

"아드님이 싸움을 해서 뭐를 좀 찾으러 왔습니다. 걱정하지 마세요."

권일용이 노인의 손을 잡으며 말했다. 정남규의 어머니는 권일용에게 하소연했다. 어려서부터 아들이 머리가 아프다고 자주 호소했는데 돈이 없어 병원에 데려가지 못했다고 했다. 뜻하지 않게 권일용은 정남규의 어머니로부터 그의 가족사를 들을 수 있었다. 정남규를 이해하기 위해 파악되어야 할 것이었다. 정남규는 어려서부터 뇌 기능에 문제가 있었지만 치료받을 기회를 놓친 것 같았다.

형사들은 녹색 페인트가 벗겨진 낡은 대문을 열었다. 정남규가 사는 2층으로 올라가는 계단이 보였다. 남자 성인 두 명이 나란히 서면 어깨가 닿을 정도로 좁은 계단이었다. 난간 곳곳에 회칠이 벗겨져 있었다.

파이프렌치와 마스크 등이 서랍과 진열대에 놓여 있었다. 파이프렌치는 파이프를 연결할 때 큰 나사를 풀거나 조이는 데 사용하는 무거운 도구다. 거실 장식장을 뜯어내자 적지 않은 물건이 나왔다. 수사팀은 칼과 피 묻은 청바지를 발견했다. 수색이 이루어지는 동안 권일용은 다른 과학수사요원들과 다른 관점에서 현장을 관찰했다. 권일용은 현장에서 '정남규가 어떻게 살아왔는지'를 보여주는 단서들을 포착해야 했다. 장갑이나 범행 도구 외에, 삶을 보여주는 디테일을 발견할 필요가 있었다.

안방의 검은색 서랍을 뒤적이던 권일용이 손을 멈췄다. 성폭력 범죄를 다룬 기사 스크랩을 발견했다. "성폭행범, 출소하자마자 연쇄 범행"이라는 제목의 기사였다. 서울 서남부 연쇄살인을 다루지는 않았지만, 정남규의 삶과 맞아떨어지는 제목이었다. "엄마의 부재가 성범죄를 낳는다" "학대, 사고 정신적 충격 평생 간다" 권일용은 연신 낡은 신문 스크랩의 제목들을 읽어 내려갔다.

악의 마음을 읽는 자들

놀랍게도 스크랩 가운데는 정남규 자신의 범행에 대한 기사도 있었다. 권일용은 〈스포츠한국〉 2004년 7월 5일 자 "서울판 살인의 추억" 기사 스크랩을 집어 들었다. "2월 26일엔 관악구 신림동에서 10대 소녀가 가까스로 살인의 마수를 피해갔으나, 4월 22일 구로구 고척동에서 20대 여성이 피살되자 '괴담'은 '사실처럼' 받아들여졌다"는 기사 구절이 눈에 들어왔다. '자신의 행위를 신문 기사에서 보는 범인의 심리.' 권일용은 머릿속 숙제 목록에 한 가지를 더했다.

스크랩을 넘기던 권일용의 손이 또다시 멈췄다. 놀라움과 두려움이 섞인 감정이 올라왔다. 지난 2005년 5월 초 주간지 《뉴스메이커》에 게재된 박주연 기자와의 인터뷰 기사였다. 두 페이지 분량의 기사 한가운데 권일용의 얼굴 사진이 실려 있었다.

권일용에게도 그것은 놀라운 경험이었다. "방에 들어서니까 침구류가 그대로 깔려 있는데, 신문이 이만큼씩 쌓여 있었어요. 그걸 보는 순간 '이놈은 다 보고 있었구나'라고 생각했습니다. 스크랩을 들춰 보니 자기 사건 보도를 다 모아둔 겁니다. 밤마다 그걸 보며 즐거워했을 겁니다. 그러고 나서 서랍을 열었더니, 제 인터뷰 기사 사진이 딱 나왔죠." 이 사건 이후로 권일용은 자신과 가족의 인적 사항이 외부에 알려지지 않도록 늘 신경을 곤두세웠다.

권일용은 압수수색에서 돌아온 뒤 프로파일링에 속도를 냈다. 한번 마음의 둑이 무너지자 정남규는 범행을 솔직히 털어놓기 시작했다. 그중에는 정남규 검거 전에는 경찰이 전혀 그의 범행으로 추정하지 못했던 타 지역 미제사건도 있었다. 정남규의 범죄 목록이 점점 길어졌다.

권일용은 6월 5일경 정남규를 두 번째로 만났다. 정남규는 검찰 송치를 앞두고 있었다. 이번 면담은 첫 번째 면담과는 목적이 달랐다. 권일용은 정남규의 생애, 살아온 환경 등을 알고자 했다. 김윤희와 김경옥이 정남규의 집에서 나온 신문 스크랩 등의 자료를 토대로 권일용과 함께 정남규의 일대기를 작성했다. 정남규는 1969년 전북에서 3남 4녀 중 장남으로 태어났다. 아버지는 농부였다. 정남규는 어려서부터 내성적이었다. 고등학교 1학년 때 가족들과 함께 인천으로 이사했다. 권일용은 두 후배가 작성한 일대기를 보면서 머릿속으로 질문을 정리했다.

　"너, 나 알지?"

　쌍꺼풀 없이 처진 눈꼬리의 권일용이 첫마디를 던졌다. 그러고는 주로 과거의 일을 물었다. 무엇이 가난한 농부의 아들을 냉혈한으로 바꾸어놓았는지 알아야 했다. 정남규는 여전히 말이 어눌했다. 권일용이 범행 수법에 대해 질문하자, 정남규가 동문서답을 했다. 엉뚱한 대답 속에 그때까지 경찰이 알지 못했던 새로운 범죄 사실이 들어 있었다.

　정남규는 테이블 너머에서 어눌하게 "어릴 때 성폭행을 당했습니다"라고 말했다.

　"그래, 그 애기를 해보자."

　권일용이 답했다. 권일용은 성추행 경험을 말하는 정남규의 태도에서 "작화가 아니라 진실인 것 같다"고 느꼈다. '작화confabulation'란 실제의 체험과 다른 것을 자기가 진짜 체험했다고 착각해서 말하는 것을 가리키는 심리학 용어다. 권일용은 정남규에

　　　　　　　　　악의 마음을 읽는 자들

게서 무언가를 더 끄집어내고 싶었다.

"그때 어떤 방식으로 피해를 당했나?"

"야산에 끌려 올라가서 운동화 끈을 풀어가지고 손가락이 묶인 채 내가 성폭행을 당했습니다."

야산, 운동화 끈, 손가락. 세 단어를 듣자마자 권일용은 온몸에 소름이 돋았다. 그는 2004년 1월 중순 영하의 날씨에 부천시 역곡동 야산을 오르내리며 현장을 답사했던 기억을 떠올렸다. 잊을 수 없는 미제사건이었다.

2004년 1월 14일 저녁 9시 30분경 역곡동 아파트촌 옆 야산에서 열두 살, 열세 살 소년 두 명이 숨졌다. 범인은 소년들을 야산으로 끌고 가 성추행을 한 뒤 운동화 끈으로 소년들을 묶고 손으로 목을 졸라 죽였다. 언론에서는 이 사건을 가리켜 "제2의 개구리 소년 사건"이라고 보도했다.

관할인 부천중부경찰서의 상위 기관은 경기지방경찰청이었다. 당시 권일용은 노인 연쇄살인 사건 분석으로 바빴다. 그러나 권일용은 자진해서 서울, 경기 지역의 모든 미제사건 현장에 임장했다. 이 사건 때도 참혹한 현장 사진을 데스크톱 바탕화면에 깔고 숨진 소년들의 사진을 수백 번 들여다보았다.

당시 권일용의 머릿속에는 질문 하나가 맴돌고 있었다. 아이들의 손가락이 운동화 끈으로 묶인 상태는 분명 독특한 것이었다. 일선 경찰서는 운동화 끈으로 피해자를 결박한 행위를 고문의 방법이라고 판단했다. 그러나 권일용은 그것을 제압의 방식이라고 해석했다. 당시 권일용은 '운동화 끈으로 묶이는 것을 과거 자신이 당했거나, 이런 행위와 관련이 있는 사람이 범인'이라고 생각했다. 그러나 권일용은 더 이상 나아가지 못했고, 사건은 미제사건이 됐다. 그런데 2년여가 지난 시점에, 예상치 않은 시점과 장소에서 실마리가 튀어나온 것이었다.

"정남규가 '운동화 끈'이라고 말하는 걸 듣고 온몸에 소름이 끼치면서 뒤통수를 맞은 것 같은 느낌이었습니다." 훗날 인터뷰에서 권일용은 당시의 느낌을 내게 이렇게 표현했다.

권일용은 면담 말미에 부천시 사건 기록을 들이밀며 정남규를 추궁했다. 정남규는 결국 부천 소년 살해 사건을 자백했다. 면담으로 여죄를 밝혀낸 것이다.

한국에서 죄인을 기소할 권한은 검찰만 갖는다. 기소 독점주의다. 경찰은 기소의견을 달아 검찰에 '송치送致'할 권한만 갖는다. 정남규의 범죄가 너무 많아 이례적으로, 검찰은 사건별로 기록과 수사를 보강해 차례대로 '분리 송치'해달라고 요청했다. 검찰은 봉천동 세 자매 살인방화 사건 등 열세 개 범죄 혐의에 대해 6월 7일 서울남부지법에 정남규를 기소했다. 그리고 이문동 살인 사건 등 열두 개 혐의에 대해서는 8월 16일 기소했다. 두 건의 재판은 병합되어 서울남부지법 11형사부에 배당됐다. 재판장인 이태섭 판사는 한국 역사상 두 번째 연쇄살인범을 재판하게 되었다.

이문동 살인 사건은 1년 전 유영철의 범행으로 알려졌다. 과시욕에 빠진 유영철이 허위 자백을 한 것이었다. 실적 올리기에 급급해한 경찰이 입증을 소홀히 했다. 그러나 법원은 해당 사건이 유영철의 범행이 아니라고 판단했고, 결국 정남규의 범행으로 드러났다. 정남규는 2004년 여름 유영철과 관련된 보도를 보고 자신이 저지른 이문동 사건을 유영철이 자신의 범행이라고 자백한 사실을 알게 되었다. 경찰 기록을 보면, 이때 정남규는 '왜 내가 한 것을 유영철이 했다고 했을까'라며 의아해했다. 자신의 범행이 완전범죄가 되었다고도 생각했다. 정남규는 늘 언론 보도를 유심히 보았다. 길 위에서 무차별 범죄를 저지르다 주택 침입으로 MO를 바꾼 계기도 바로 언론 보도였다. 경찰의 추적을 피하려는 계산에서였다.

훗날 경찰은 백서에서 "(보라매공원 사건은) 대대적인 언론 보도를 통해 전국적으로 '서남부 부녀자 연쇄살인 사건'이 알려지는 계기가 된 사건으로 점차 수사망이 좁혀오고 자신의 신변이 노출될 위험이 발생하자 급히 수법 변화를 감행한 것으로 판단된다"고 평했다. 연쇄살인범, 그에게 영향을 주는 매스미디어, 매스미디어의 영향력과 '밀당'하는 경찰. 드라마 〈수사반장〉의 실제 모델 최중락은 상상할 수 없었던, 아이엠에프 구제금융 8년 뒤 한국의 범죄 지형도였다. 장마철 집 안 한구석에 검은 곰팡이가 자라는 것처럼, 처음 보는 범죄가 자라났다.

몸을 잡는다고 끝난 게 아니다. 냉혈한의 마음까지 체포해야 했다. 정남규가 잡혔지만 권일용에게는 다른 과제가 남아 있었다. 역사상 두 번째 연쇄살인 범죄, 최초로 프로파일링이 수사에 결정적 도움을 준 사건, 살아남은 범죄 피해자의 유족으로 하여금 평생 상처를 안고 살도록 만든 이 범죄는 많은 사람에게 숙제를 남겼다.

왜 농경 사회 조선에는 존재하지 않던 냉혈한이 2006년에 태어났는가. 냉혈한이 또 만들어지는 것을 막으려면 어떻게 해야 하는가. 냉혈한이 될 사람을 미리 알아차릴 방법이 있는가. 붙잡힌 냉혈한은 교정 가능한가. 경찰, 언론, 사법부, 범죄학계의 그 누구도 아직 이 질문에 대한 답을 찾지 못했다. 모두 권일용과 윤외출이 풀어야 할 숙제였다.

경찰은 우선 정남규를 상대로 심리검사를 하기로 했다. 치료가 목적인 심리 상담이 아니었다. 미래에 유사한 연쇄 범죄 피해자가 발생하는 것을 막는 것이 목적이었다. 한국형 웩슬러 지능검사 Wechsler Scale of Intelligence* 등 심리학의 분석 도구들이 동원됐다.

2006년 5월 25일 심리검사를 담당한 경찰관과 마주 앉은 정남규는 그와 눈을 제대로 맞추지 못했다. 신장 167센티미터에 체중 57킬로그램의 왜소한 남자의 시선은 매번 아래를 향했다. 경찰 자료를 보면 그는 검사자의 질문에 느린 속도로 "예"라고 긴장된 목소리로 말했다.

"전반적으로 자신감이 결여되어 있고, 더듬거리며 말끝을 흐리면서 말하였으나, 범행을 이야기할 때는 죄책감 없고 당당한 태도였다"고 검사 담당자는 백서에 기록했다.

웩슬러 지능검사를 통해 정남규의 마음이 어떻게 뒤틀렸는지도 드러났다. 웩슬러 지능검사는 어휘, 산수, 빠진 것 찾기, 차례 맞히기 등 언어성 검사와 동작성 검사로 이루어져 있다. 정남규의 언어성 지능은 보통 수준이지만 동작성 지능은 보통 이하인 것으로

---

* 미국의 심리학자 데이비드 웩슬러D. Wechsler가 기존의 여러 지능검사법을 바탕으로 고안한 지능검사 도구. 현재 세계에서 가장 많이 쓰이는 지능검사다.

악의 마음을 읽는 자들

나타났다.

"사물에 대한 이해가 느리고 행동이 굼뜨며 느릿느릿한 사람임. 그러나 가지고 있는 능력에 비해 성취 및 인정 욕구가 높아 주관적으로 경험하는 좌절감 및 자괴감이 클 수 있음." 무차별적인 증오 감정의 뿌리에는 자괴감이 있다는 분석이다.

정남규에게는 자기 객관화 의식이 뚜렷이 존재했다. 보통 동물의 지능을 측정할 때 '거울 검사'를 한다. 거울에 비친 자기 모습이 자기 자신인지를 인지하는지 여부가 지능의 중요한 잣대다. 정남규에게는 자기 자신을 바라볼 능력이 있었다. 그는 검사자에게 "나는 결벽증이 있어 물건을 반듯하게 안 하면 화가 나고, 성범죄, 도벽이 있고, 고속도로에서 차에 큰 돌을 던지고… 나는 분명히 이상하다"라고 말했다.

검사자는 이어 정남규에게 로르샤흐 검사지를 내밀었다. 로르샤흐테스트는 스위스의 정신의학자 로르샤흐 Hermann Rorschach가 개발한 인격 진단 검사로, 좌우 대칭으로 된 잉크 얼룩 그림을 보여주며 어떻게 보이는가를 묻는 검사다. 정남규는 데칼코마니 같은 대칭적 그림을 보며 주로 '폭발' '피' '연기'와 같은 이미지가 보인다고 답했다.

정남규는 한 그림을 보고는 "악마, 그것도 크고 거대한, 무시무시한 괴물이 죽이고 해치려는 모습"이라고 답했다. 정남규에게 세상은 "무시무시한 악마가 자신을 죽이고 해치려 하는 곳"(경찰백서)이었다. 세상이 악마라는 환상에 사로잡힌 왜소한 남자는, 그렇게 스스로 악마가 되었다.

"감정 조절에 미숙하여 분노나 스트레스 상황에서는 어린아이처럼 원초적 감정을 있는 그대로 표현하는 편임. 또한 모호한 상황에 대한 불안감에 매우 취약하고 막연한 대상을 크게 지각하다 보니 항상 불안하고 혼란스럽고 자신을 도와줄 사람은 아무도 없이 혼자 고독감에 휩싸여 스스로를 더욱 고립시켰던 것으로 보임." 로르샤흐 검사지를 통해 확인된 정남규는 부정적 에너지로 가득했다.

2006년 6월 7일 정남규가 기소돼 재판에 넘겨졌다. 한국의 형사 사법 시스템은 유영철에 이어 두 번째 연쇄살인범과 맞닥뜨렸다. 정남규, 정남규를 처벌하라는 검찰, 정남규의 국선변호인, 3인의 판사로 이루어진 재판부가 2006년 7월 7일 오전 10시 서울남부지방법원 406호 법정에 모였다.

먼저, 검찰이 바라본 정남규.

"정상적인 삶을 살지 못한다는 피해 의식과 열등감을 강하게 품게 되었고, 또한 어렸을 때 저항하지 못하고 속수무책으로 성추행을 당했다는 자괴감으로 인하여, 그동안 마음속 깊이 쌓아둔 사회에 대한 막연한 불만과 적개심을 외부로 표출시켜 자신이 당한 대로 똑같이 사회에 복수하겠다는 의지를 불태우며 어린이나 부녀자 등을 상대로 무차별적인 범행을 하려는 충동에 사로잡혔다." (공소장)

다음은, 법원이 바라본 정남규.

"인내력이 약하고 공격성이 강하며 사회적 규범을 무시하고 책임감과 죄책감이 결여되어 있는 등 분열성 인격 장애와 비사회

성 인격 장애를 동시에 지닌 혼재성 인격 장애의 소유자."(판결문)

서울남부지법은 9월 21일 정남규에게 사형을 선고했다. "피고인이 사회로 복귀할 경우 재범의 위험성이 매우 높은 것으로 보여 피고인으로부터 국민을 보호하고 사회를 방위할 필요가 있는 점"을 이유로 들었다.

마치 검은 곰팡이를 제거하는 것처럼, 법원은 정남규를 사회에서 격리해야 한다고 판단했다. 그러나 장마가 계속되고 집 안의 습도가 낮아지지 않는 한 검은 곰팡이는 또 생겨날 것이었다. 서울남부지법 11부 판사 세 명은 정남규 판결 직후 또다시 한국을 뒤흔드는 연쇄살인이 벌어지리라곤 전혀 예상하지 못했다.

정남규는 11월 초, 구치소에서 2심 재판부에 탄원서를 냈다. 반성하고 참회하는 내용의 탄원서가 아니었다. "어쨌든 모든 게 끝난 이상 사형을 빨리 집행해줬으면 합니다. 현재 왜 사형을 안 시키고 있는지 이해가 안 가고 눈에는 눈, 이에는 이, 이것이 피해자들이 바라는 복수심이고 나 또한 그랬었고 난 죽어서도 사람을 죽일 것이고… (후략)" 정남규가 대법원에 낸 또 다른 탄원서에는 자신이 범죄를 저지른 이유에 대해 "궁극적으로 신의 배후 조종"이라고 썼다.

1976년 미국 유타주에서 무차별 살인이 벌어졌다. 게리 길모어는 면식도 없는 평범한 시민 두 명을 이유 없이 죽였다. 그는 언론 인터뷰에서 자신을 어서 사형해달라고 주장했다. 사형 반대론자들은 곤혹스러워했고, 전 미국이 사형제 찬반 논란에 휩싸였다. 그 게리 길모어처럼 정남규도 똑같이 자신을 사형해달라고 주장한 것이다.

권일용은 자문했다. 언제부터 잘못된 것일까. 정남규의 절도 강간 혐의 판결문을 보면, 정남규는 1995년 7월경 새벽 4시에 한 주택에 침입했다. 자고 있던 16세 여성에게 과도를 들이대고 위협해 성추행하려 했으나 다른 가족이 문을 두드리는 바람에 실패했다. 20대 후반의 정남규는 그때 이미 범죄자였다. 네 명의 여자 형제를 둔 정남규였지만 열여섯 살의 여성을 칼로 위협해 성폭행하려 한 것이다.

정남규의 경우 교도소가 '바로잡고(矯) 이끈다(導)'는 의미를 가진 제 명칭대로의 역할을 제대로 해내지 못했음이 분명하다. 유영철과 마찬가지로 정남규도 교도소와 구치소를 경험하면서 야수가 됐다. "지질한 사람은 불량배가 되고, 배짱 있는 사람은 잔인해진다." 미국 작가 노먼 메일러Norman Mailer가 1981년 미국 교도소 시스템에 대해 묘사한 말이다. 정남규가 바로 이 말대로 됐다.

권일용은 정남규를 생각하며 사무실에서 다시 《마인드헌터》를 펴 들었다. "연쇄살인범이나 연쇄강간범을 만들어내는 가장 강력한 요인은 환상이다. 여기에서 말하는 환상은 좀 더 폭넓은 뜻으로 쓰인다. 보통 사람도 물론 환상을 갖고 있지만 그것은 순간순간 일어날 뿐 곧 사라져버리고 만다. 비유적으로 말하자면 머리 위를 스쳐 지나가는 새와 같다. 그러나 소시오패스는 그 새를 자기 머리 위에 둥지를 짓고 살 수 있는 어떤 것이라고 생각한다. 바꾸어 말하면 환상과 행동을 동일시하는 것이다."*

정남규의 머릿속 환상은 무엇이었을까. 악마로 가득 찬 세상.

악의 마음을 읽는 자들

악마와 싸우는 자기 자신. 환상에 사로잡힌 냉혈한은 자기가 쓰러뜨린 사람이 자신을 괴롭히는 악마적인 마초가 아니라, 자기보다 힘이 약한 젊은 여성들이라는 사실을 왜 인지하지 못했을까. 권일용은 아직 그 어둠을 완전히 이해하지 못했다.

절대 풀 수 없는 숙제를 받아 든 사람들이 또 있다. 바로 정남규의 범죄 피해자 유가족이다. 세 자매 살인방화 사건 때 살아남은 자매들의 아버지는 아직도 고통에서 벗어나지 못하고 있었다. 다음은 〈한겨레〉에 실린 기사의 일부다.

"용서요? 무엇이 용서인지 모르겠습니다."
지난 (2006년 12월) 17일 만난 김 아무개(55) 씨는 여전히 분노를 삭이지 못하고 있었다. 그는 지난 3월 '서남부 연쇄살인 사건'의 범인 손에 큰딸(24)과 작은딸(22)을 한꺼번에 잃었다. 중학생인 셋째 딸(14)은 둔기로 머리를 맞아 100일가량 입원 치료를 받고 6월에 퇴원했지만, 아직도 한 달에 한 차례씩 신경정신과를 찾을 만큼 상처가 깊다. 평소 차분하던 아이가 요즘엔 남동생(10)과 다투는 일도 잦아졌다.
부인(48)도 사건 뒤 외출을 거의 못 할 정도로 사람을 두려워한다. 김 씨 자신도 다섯 달쯤 건축 공사장 일을 쉬어야 할 만큼 마음을 가누기 어려웠다. "술기운을 빌려 다시 일하러 나간 지 서너 달 됐어요. 먹고는 살아야 하니까…."
김 씨에게 상처를 준 것은 범인만이 아니다. 경찰이 수사 과정에서 이

---

* 존 더글러스·마크 올셰이커, 이종인 역,《마인드헌터》(비채, 2017), 170쪽.

웃들에게 '김 씨가 실은 의붓아버지다'라는 거짓 사실을 흘리기도 했고, 그가 보험금을 노리고 범행을 저지른 것으로 의심하기까지 했다고 한다. 사람들의 수군거림과 따가운 눈총을 못 견뎌 달포 만에 집을 옮겨야 했던 김 씨는, 범인이 안 잡혔다면 꼼짝없이 내가 죄인이 될 뻔했다고 원통해했다. 검찰에서도 고통스러운 기억을 거듭 진술해야 했다.

〈한겨레〉 2006년 12월 보도

죄와 벌, 용서와 갱생은 문학의 오랜 주제다. 문학작품 속의 살인자 중에는 속죄하고 반성한 인물이 있다. 도스토옙스키의 소설《죄와 벌》에서 노파를 살해한 라스콜리니코프는 참회하고 자수한다. 이청준의 소설 〈벌레 이야기〉 속 아동 살해범도 기독교에 귀의한 뒤 반성한다. 이 아동 살해범은 신에게 용서받았다고 생각한다. 신이 용서하면 살인자는 반성한다. 그러나 정남규 사건 피해자인 김 씨는 이를 부정하고 있는 것이다.

"사형제 폐지 운동을 하는 나에게 사람들은 묻는다. 나는 대답한다. 그들은 변했습니다. 지금 죄의 무게를 달면 아마도 제 것이 더 무거울 겁니다. 그들을 변화시킨 것은 오직 하나, 오직 사랑이었습니다. 그들은 옛사람에게서 벗어나 새사람으로 바뀌어갔습니다." 소설가 공지영은《우리들의 행복한 시간》에서 이렇게 썼다. 권일용은 소설 집필 전 자신을 찾아왔던 공지영을 기억하고 있었다.

용서와 갱생을 믿는 공지영의 주장은 아름답다. 그러나 김 씨는 이런 공지영의 주장에 동의하지 않을 것 같다. "그(연쇄강간범)가 법정에서 얼마나 후회하는 모습을 보였든, 그가 체포되어 반박

악의 마음을 읽는 자들

할 수 없는 증거가 제시되기 전까지 그는 결코 강간을 멈추지 않았다는 사실을 우리는 알고 있다"는 브렌트 터비의 말처럼, 권일용은 어떤 범죄자는 결코 바뀌지 않는다고 생각한다.

범죄 피해자들은 오랫동안, 어쩌면 평생 상처에서 벗어나지 못할 것이다. 김윤희도 그 상처를 권일용 옆에서 지켜봤다. 정남규 사건은 김윤희에게도 숙제를 남겼다.

"사건 초기 세 자매 사건에서 아버지(김 씨)를 피의자로 보고 심문 전략을 수립하는 데 프로파일러가 투입됐어요. 그런데 나중에 잡고 보니 그것도 정남규의 범죄였던 거죠. 그때 저한테 트라우마가 많이 왔어요. '내 일이 분석에 그치는 게 아니라, 사람한테 대미지를 입힐 수도 있구나'라는 느낌이었습니다. 아울러 프로파일러의 역할이 현장에서 못 얻는 개념을 확대해주는 것이라는 생각을 하면서, 정남규 사건을 통해 프로파일러로서 해야 할 일을 찾아가게 됐어요."

정남규 사건은 경찰 내부에서 프로파일링의 힘을 인정하는 결정적 계기가 됐다. 서울지방경찰청은 백서에서 이렇게 평가했다. "정남규 범죄의 경우 당시 수사 환경에서는 이해할 수 없는 '알 수 없는 동기'에 의한 새로운 범죄 형태였고, 연쇄 범죄의 여러 가지 가능성 및 전형을 제시하며 한국의 수사 현실이 이상 동기의 연쇄 범죄를 대처하기에 어떤 문제점이 있는지를 여실히 보여준다."

이어 경찰은 앞으로 연쇄살인 수사의 기본 방향도 마련했다. 윤외출과 권일용이 6년 전 머릿속으로 생각한 일이 드디어 현실로 구현되기 시작한 것이다. "같은 관할 내 발생 사건은 관할서 내 모든 형사팀에서 공유할 수 있어야 하며, 각 지방청 단위에서 해당 청 발생 사건에 대해 죄종 구분 없이 관리하여 유사성 분석이 반드시 이루어져야 한다."

앞으로 무차별 범죄나 연쇄 범죄를 잡는 것은 고독한 수사반 장이 아니라 시스템일 것이었다.

권일용은 비로소 숙제를 조금 해낸 기분이었다. 다행이라고 느꼈다. 돌이켜보면 사건 인지부터 해결까지 참 오랜 시간이 걸렸다. 처음 '이상하다'는 느낌을 받은 것은 2004년 4월 8일이었다. 전날 밤을 새웠건 새우지 않았건 상관없이, 케이스링크를 하기 위해 매일 아침 일일보고를 꼼꼼히 챙겨본 뒤 구내식당에서 라면을 먹었다. 거의 모든 살인 사건 현장에 임장했으며, 3일에 한 번꼴로 야근을 했다. 케이스링크를 하려면 사건의 골든타임을 놓쳐선 안 되었다.

그런 식으로 연쇄성의 고리들을 겨우 하나씩 찾아냈다. 흩어진 척추뼈를 순서대로 발굴하는 고생물학자처럼, 무의미해 보이는 사건 더미를 파헤치며 힘겹게 연쇄성의 고리를 이어갔다. 만 2년 동안 이런 일상을 보내고, 결국은 정남규를 잡았다.

권일용은 늦게까지 일하다 퇴근할 때면 종종 광화문역 주변 상가 2층에 있는 카페 '가을'에 들렀다. 넥타이를 풀고 병맥주를 마시며 내려다보는 광화문광장의 밤 풍경은 평화로웠다.

농부의 아들, 열 살 이후 여러 번 동성으로부터 성추행을 당한 청년, 키 167센티미터의 왜소한 남자, 세상을 악마로 가득한 곳으로 본 남자, 아무 죄책감 없이 여성 열 명과 남자아이 세 명을 죽인 사람, 범죄 피해자와 유족에게 평생 잊지 못할 상처를 남긴 남자. 그는 2009년 11월 교도소에서 자살했다.

4

에쿠스의 심리학

"아래로 흐르는 빗방울처럼, 우린 이렇게 흐를 수밖에 없는 거예요. 존, 당신이 무슨 수단을 써서 막으려 해도 우리를 저지할 수는 없어요. 우린 원래 이렇게 생겨먹은 거예요."[*]
《마인드헌터》에서 한 범죄자가 존 더글러스에게 한 말

[*] 존 더글러스 · 마크 올셰이커, 이종인 역, 《마인드헌터》(비채, 2017), 102쪽.

2006년 12월 1일 금요일, 부슬비가 내렸다. 낮 최고기온이 5.9도였으니 겨울날치곤 포근했다. 늘 그렇듯 양복 차림인 권일용은 이 날부터 종로의 서울지방경찰청이 아니라, 서대문구에 있는 경찰청 북관 3층으로 출근했다. 권일용이 발걸음을 멈춘 사무실 팻말에는 "범죄행동분석팀"이라고 적혀 있었다. 이 조직 명칭은 '행동과학Behavioral Science'이라는 낯선 단어와 관련이 있다. 에프비아이는 1972년 최초로 조직 내에 프로파일링 조직을 신설하고 '행동과학팀'이라 명명했다. 언뜻 이해되지 않는 이 단어 조합은, '범인의 행동이 개인적 특질을 보여주는 증거'라는 프로파일링의 기본 철학을 담고 있다.

2006년 하반기는 한국 프로파일링의 전환점이다. 경찰들은 최상위 조직인 경찰청을 "본청"이라고 부른다. 2006년 11월 본청에 사상 처음으로 프로파일링 조직인 범죄행동분석팀이 신설됐다. 서울지방경찰청 범죄분석팀 소속이던 권일용은 경위로 특진한 뒤

12월 1일 범죄행동분석팀장으로 인사 발령을 받았다. 드디어 프로파일링의 필요성이 조직 내부에서 공식적으로 인정받은 것이다.

지난 6년간 권일용과 윤외출이 기울인 노력이 마침내 결실을 보았다. 특히 정남규 검거는 프로파일링의 힘을 경찰 안팎에 보여 줬다. 정남규가 저질렀던 미제 사건의 연쇄성을 미리 파악해두지 않았더라면, 정남규는 단 한 건의 강도상해 혐의로 가벼운 형사처벌만 받고 다시 사회로 풀려났을 것이다. 프로파일링이 그것을 막았다. 윤외출은 "프로파일링이 범인 검거나 체포에 아주 적극적인 기능을 했던 대표적인 케이스가 정남규 사건"이라고 말했다.

여전히 정치의 시대였다. 이해 12월 신문 지면은 미국 사모펀드 론스타가 외환은행을 매각한 사건, 1년여 앞으로 다가온 대선 전망 기사 등으로 채워졌다. 정남규 사건은 한때 신문 지면을 가득 채웠다가 금세 사라졌다. 그러나 권일용과 윤외출은 언제 다시 나타날지 모를 무차별 범죄에 대응할 준비를 차근차근 해나가고 있었다. 프로파일러 1호 권일용을 경찰청으로 인사 발령한 것은 그런 준비의 일환이었다. 사상 첫 경찰청 1기 범죄행동분석팀에 지방청에서 근무하던 요원들이 배치되었다.

이들 중 병원에서 일하던 임상심리사가 있었다. 부모 둘 다 경찰과 무관한 직업을 가졌다. 정혜정은 대학원 졸업 뒤 병원에서 일했다. 그러다 2005년 경찰청 1기 범죄분석요원 모집 공고를 보았다. 영화 〈살인의 추억〉을 흥미롭게 봤던 터였다. "병원에서 일하며 마음속에 '다른 일을 해보고 싶다'는 생각이 있었습니다." 정혜정은 프로파일러를 지원하게 된 계기를 이렇게 떠올렸다.

정혜정은 2006년 1월 중앙경찰학교 졸업 뒤 경남지방경찰청 과학수사계로 발령받았다. "정신과 의사의 목표는 치료이고, 프로파일러의 목표는 수사다." 1기 범죄분석요원들이 공부한 브렌트 터비의 프로파일링 교과서에 나오는 구절이다. 심리상담사는 이제 경찰이 됐다.

그러나 단 6개월의 경찰학교 교육만으로 경찰 조직 문화와 수사 시스템을 완전히 이해하기란 어려웠다. 보수적인 경찰 조직 바깥의 민간인이, 일선 경찰들에게도 생소한 보직인 프로파일러로 근무하게 된 상황은 정혜정 자신이나 그의 경찰 동료들 모두에게 낯선 상황이었다. 동료들은 경남지방경찰청에 있는 유일한 프로파일러 정혜정을 많이 배려해주었다.

"경남지방경찰청에서 제가 범인상 추정을 했던 첫 사건은 양산에서 벌어진 아동 실종 사건이에요. 초등학교 고학년 학생 두 명이 실종됐어요. 현장 수사팀은 가출로 추정했지만, 저는 두 학생의 행적과 부모 조사를 통해 가출일 가능성이 낮고 실종일 수 있다는 보고서를 제출했죠."

정혜정은 2006년 12월 1일 자로 경찰청 범죄행동분석팀에 합류했다. '권일용 팀'의 멤버가 된 것이다. "옆에서 볼 때 권일용 선배의 이미지는 사람 좋은 옆집 아저씨 같은 인상이었어요. 그렇지만 직관력이 있었죠. 감각이 뛰어나셨어요. 저희가 설명할 수 없는 감각이었는데, 경험에서 나온 것일 수도 있고 타고난 것일 수도 있겠다 생각했어요."

또 다른 1기 프로파일러도 '권일용 팀'에 합류했다. 그는 경찰을 지망하는 경찰행정학과 대학생이었다. 2002년 헌병대에 근무하는 동안 벌어진 군부대 총기 탈취 사건을 뉴스로 매일 지켜보았다. 군 헌병단 안에 영창이 있었다. 피고인들이 재판을 받기 전에 대기하는 장소였다. 그는 야근할 때 종종 피고인들과 대화를 나누었다. 범죄학에 관심이 많은 장교는 이미 존 더글러스라는 이름을 알고 있었다. 그러다 군 복무 막바지인 2004년 7월, 유영철 사건 보도를 접했다. 처음으로 연쇄살인범을 만나는 일을 떠올렸다. '나도 저런 일을 해보고 싶다.' 장교는 프로파일러와 직업군인의 길 사이에서 고민했다. 그러던 차에 2005년 초 경찰청의 '범죄분석요원 1기 열여섯 명 채용' 공고를 접했다. "제가 생각하고 봐왔던 게 눈앞에 현실로 나타났고, 그래서 '이걸 해야 되겠다'라고 생각했습니다." 마른 체형에 눈썹이 짙은 고준채는 자신이 꿈꾸던 대로, 합격했다.

고준채는 2006년 1월 중앙경찰학교 졸업 뒤 충북지방경찰청으로 발령받았다. 그러나 고준채는 충북에서 본격적인 프로파일링을 할 기회가 없었다. 프로파일링은 심령술이 아니다. "셜록 홈스가 간파한 것처럼 사건이 평범하여 특이성이 없으면 그만큼 프로파일링 작업을 할 만한 행태학적 증거가 없게 된다. 가령 노상강도 사건에 대해서 나는 큰 도움을 줄 수가 없다. 그런 사건은 너무 흔해빠지고 평범해서 잠재 용의자 그룹이 너무 많기 때문이다."* 존 더글러스가 《마인드헌터》에서 이렇게 주장한 데는 이유가 있다. 충북에서

---

* 존 더글러스·마크 올셰이커, 이종인 역, 《마인드헌터》(비채, 2017), 259쪽.

고준채가 만난 사건들은 평범했다. 고준채는 2006년 세상을 떠들썩하게 한 정남규 사건을 멀리서 지켜봤다.

정혜정, 고준채 외에도 현직 경찰 출신인 정형곤, 심리학을 전공한 고선영, 경찰학교 졸업식에서 권일용이 경장 계급장을 달아줬던 백승경 등이 한 팀을 이루었다. 이들 다섯 명은 큰 숙제가 자신들을 기다리고 있다는 사실을 아직 모르고 있었다.

권일용은 이제 혼자가 아니었다. 이들 다섯 명과 일상을 함께했다. 매일 아침 경찰청 북관 3층에서 주요 사건 보고를 검토했다. 그리고 함께 범죄 현장에 임장했다. 본청과 서대문경찰서 사이 골목에 있는 2층 족발집이 범죄행동분석팀의 단골집이었다. "권뻬루"와 함께 족발에 맥주를 마시는 시간은 범죄학 케이스 스터디 시간이나 다름없었다.

다만, 권일용의 정식 소속은 여전히 서울지방경찰청이었다. 그는 경찰청 업무를 지원한다는 취지로 '보근' 발령을 받았다. 다른 팀원 다섯 명도 마찬가지였다. 이 점은 승진에 필수적인 인사고과에 불리했다. 권일용과 팀원 다섯 명은 새로운 시도를 할 기회를 얻는 대신 승진 불이익을 감수했다. 권일용은 가끔 "총포경"이라며 자조하곤 했다. '총경 포기한 경감'이라는 뜻의 농담이었다.

경찰서장에 해당하는 총경 계급은 많은 경찰이 꿈꾸는 직위다. 특히 승진 체계가 다른 순경 공채 출신이 총경으로 승진하기란 매우 어렵다. 2018년 3월 기준 전국 경찰 11만여 명 중에 총경 이상은 670여 명에 불과하다. 그만큼 총경 승진을 위한 경쟁은 치열하다. 권일용은 일찌감치 승진 경쟁을 포기했다. 대신 다른 동료들이 건지 않는 길을 택했다. 거칠고 좁은 길이지만, 새로운 길이었다.

2006년 12월 말, 권일용에게 전화가 걸려왔다. 익숙한 목소리였다. 경기지방경찰청 2부장 박학근이었다. 박학근은 경기지방경찰청의 1, 2, 3부장 가운데 실제 수사를 지휘하는 역할을 했다. 정남규를 검거할 때 박학근은 서울지방경찰청 형사과장이었다. 당시 박학근은 현장 형사들에게 "권일용의 면담 지시를 따르라"고 말함으로써 그에게 힘을 실어줬었다.

"일용아, 이상한 실종이 두 건 있는데 네가 와서 분석을 좀 해야겠다." 박학근이 친근한 말투로 말했다. 당시 경기지방경찰청에는 권일용과 고락을 같이한 베테랑이 한 명 더 근무 중이었다. 영등포경찰서 형사들이 정남규를 검거한 뒤 연쇄살인 가능성을 눈치채지 못한 채 평범한 강도상해 보고서를 올렸을 때 '쇠망치'라는 단어를 포착했던 박명춘이었다. 박명춘은 총경 승진 뒤 경기지방경찰청 수사지도관으로 인사 발령을 받았다.

권일용은 겨울철 유난히 바람이 매서운 수원에 있는 경기지방경찰청(현 경기남부지방경찰청) 사무실로 달려갔다. 그리고 군포경찰서에서 올린 보고서를 받아 보았다. 박학근은 정남규 사건을 통해 연쇄성 판단의 중요성을 체득한 상태였다. 그런 박학근이 직접 전화를 한 데는 이유가 있을 것이었다.

2006년 12월 13일 수요일 밤 10시 30분경 군포시 금정동 한 골목에서 45세 여성이 사라졌다. 노래방 도우미였다. 박학근이 전화한 것은 이 사건에 이어 발생한 두 번째 사건 때문이었다. 12월 24일 크리스마스이브 새벽 2시 20분경에 노래방 도우미가 또다시

악의 마음을 읽는 자들

실종된 것이다. 수원시 팔달구의 시장 근처에서 지인과 통화하며 "집에 간다"고 한 것이 그녀가 전한 마지막 소식이었다. 이 사실을 안 박학근은 주저 없이 권일용에게 전화를 걸었다.

해를 넘긴 2007년 1월 6일 토요일 아침 6시, 안양시 관양동의 한 노래방 도우미가 손님과 해장국을 먹으러 나간 뒤 나타나지 않았다. 권일용은 곧바로 연쇄성 검토에 들어갔다. 이때부터 권일용 팀은 서울이 아니라 경기지방경찰청으로 출근했다. 2005년 6월 9일 대법원에서 유영철의 사형이 확정되고 1년이 조금 지났을 때였다. 또 정남규가 기소돼 1심에서 사형 선고를 받은 지 불과 몇 달이 되지 않은 시점이었다. 권일용은 노래방 도우미 실종 사건의 배후에 누가 있는지 아직 짐작하지 못했다. 더 많은 사람이 사라질 것이라는 사실도 아직은 알지 못했다.

프로파일링은 다른 과학수사 파트와 긴밀히 협업할 때 성공한다. 유영철, 정남규 사건을 거치면서 권일용은 이 점을 분명히 알게 됐다. 그래서 권일용 등 경찰청 범죄행동분석팀은 이즈음 아예 경기지방경찰청으로 출근하다시피 했다. 권일용은 매일 일선 형사들이 올린 보고 내용을 꼼꼼히 살폈다. 날씨, 공간, 시간, 범행 도구 등의 디테일을 놓치지 않으려 했다.

변화하는 세태가 수사에 새로운 계기가 되어주었다. 바로 휴대전화였다. 2006년 시점에 이미 한국의 휴대전화 보급률은 100퍼센트에 육박했다. 첫 번째 여성은 2006년 12월 13일 밤 10시 30분에 실종됐다. 이 여성의 휴대전화는 다음 날 새벽 4시 25분 경기도 화성 부근에서 전원이 끊겼다. 권일용은 휴대전화가 끊긴 시점을 메모했다. 두 번째 실종 여성은 12월 24일 새벽 2시 20분경 마지막 통화 기록을 남겼다. 이날 오후 4시 25분에 휴대전화의 배터리가 분리된 것으로 돼 있었다. 누군가 일부러 배터리를 분리한 것이었다. 세 번째 여성은 2007년 1월 6일 아침 6시경 남자와 함께 나간 뒤에 사라졌다. 이 여성의 휴대전화는 이날 오후 5시 54분 경기도 화성시 마도면에서 전원이 끊긴 것으로 밝혀졌다.

권일용은 지도를 큼지막하게 출력했다. 그리고 지도 위에 마지막 실종 장소, 실종 시점, 휴대전화 전원이 끊긴 시점을 표시했다. 머릿속으로 각 지점을 선으로 이어봤다. 경기도 화성시의 관광지인 제부도가 부근에 있었다. 여성들이 사라진 시점은 새벽이나 늦은 밤이었고, 장소는 사람이 많은 골목이나 시장 근처였다. 권일용과 범죄행동분석팀 다섯 명의 머릿속에 '호의 동승'이 떠올랐다.

"실종 장소와 시간대를 보니 납치로 보기는 어려웠고 여성들이 소위 호의 동승해서 범인과 어디론가 놀러 가다가 거기에서 무슨 일이 벌어졌을 거라고 추정했습니다. 범행 시점에 휴대폰이 꺼지고 버려졌을 거라고 판단한 것이죠. 세 여성의 실종 장소와 휴대폰 전원이 끊긴 장소가 비슷한 곳을 가리키고 있었습니다. '이건 연쇄 동일 건이다, 문제가 있다'고 생각했습니다."

경찰은 유영철, 정남규 사건을 통해 혹독한 경험을 했다. 그때까지는 연쇄살인이라는 병리 현상에 대한 인지 자체가 부족했다. 경찰청장이 국회에서, 그리고 언론을 통해 사과를 하는 초유의 일도 겪었다. 이제 경찰은 적어도 '연쇄성이 있는지를 판단해야 한다'는 인식은 갖게 되었다. 게다가 권일용은 지금 본청의 범죄행동분석팀장이었다. 프로파일링의 성과를 옆에서 지켜본 박학근, 박명춘이 때마침 경기지방경찰청에 근무하고 있었다.

경기지방경찰청은 과감한 판단을 내렸다. 2007년 1월 여성 연속 실종 사건을 전담할 수사본부 설치가 결정됐다. 박학근 당시 경기지방경찰청 수사부장이 수사본부장이 되었고, 수사지도관 박명춘은 수사지원 업무를 맡았다. 수사팀은 관내 미제 사건 가운데 실종 사건들을 한데 모아 연관성을 면밀히 검토하기 시작했다.

그러나 경찰의 노력이 무색하게 실종 사건이 이어졌다. 2007년 1월 3일 오후 5시 30분경에 50대 여성 회사원이 화성시 신남동에서 사라졌다. 금속 기계를 다루는 중소기업들이 모여 있는 교외였다. 차를 몰고 지나가면 "○○기계"나 "○○금속" 같은 간판이 잇달아 나타났다 사라졌다. 공장과 공장 사이는 빈 농지였고 드문드문 키 작은 나무들로 이뤄진 숲이 있었다. 흙색 종이에 군데군데 은색 도형이 그려진 듯한 공간이었다. 여성 회사원은 이 공장 지대에 있는 버스 정류장에서 통화한 뒤 실종됐다. 이 여성의 휴대전화는 이날 7시 59분에 배터리가 분리됐다.

얼마 뒤 버스 정류장 실종 사건이 또 일어났다. 1월 7일 오후 5시 30분 수원시 권선구 금곡동의 한 버스 정류장에서 20세 여성이 성가대 연습을 위해 외출한 뒤 사라졌다. 통신사 기지국 자료를 통해 이날 5시 41분 휴대전화 배터리가 강제로 분리된 사실이 확인됐다.

언론도 유영철, 정남규 사건으로 연쇄 범죄, 무차별 범죄에 대해 학습했다. 게다가 연쇄실종 사건이 벌어진 장소가 화성시 부근이었다. SBS는 1월 9일 저녁 뉴스에서 "화성에서 3주 동안 여성 세 명 연쇄실종"이라는 제목으로 사건을 보도했다. '화성 연쇄실종' 보도의 시작이었다.

(앵커) 경기도 화성에서 여성 세 명이 잇따라 실종됐습니다. 지난 화성 연쇄살인 사건 발생 지역에서 얼마 떨어지지 않은 곳이어서 주민들 불안감은 더 커지고 있습니다. 김현우 기자입니다.

(기자 리포팅) 지난달 14일 새벽 4시쯤, 경기도 안양에 사는 마흔여섯 살 배 모 씨는 새벽일을 마치고 퇴근하면서 딸과 휴대전화로 통화를 한 뒤 소식이 끊겼습니다. 열흘 뒤 경기도 수원에 사는 서른일곱 살 박 모 씨가 새벽 2시 반쯤 집을 나선 뒤 연락이 두절됐습니다. 그리고 지난 3일 오후 5시 반쯤, 경기도 군포에 사는 쉰두 살 박 모 씨도 퇴근 길에 실종됐습니다.

그런데 이들 세 여성의 휴대전화 전원이 꺼진 곳은 모두 경기도 화성시 비봉면 일대. 도로 하나를 사이에 둔 비슷한 지점입니다. 경찰은 일단 세 여성의 연고지가 다르고 정확한 실종 지점이 확인이 안 돼 세 사건의 연관성은 적은 것으로 보고 있습니다.

다른 언론사 보도도 이어졌다. 매스미디어는 공기처럼 범인에게도 영향을 줄 것이다. 권일용은 정남규 집을 압수수색하던 때를 잊지 못했다. 정남규는 권일용의 얼굴 사진이 두 페이지에 걸쳐 크게 실린 주간지의 기사를 스크랩했었다. 자신을 추적하는 경찰을 언론 보도를 통해 확인한 것이었다.

수사는 새로운 국면으로 접어들었다. 권일용과 범죄행동분석팀은 묵묵히 수사를 이어갔다. 프로파일링은 범인의 관점에 서보는 데서 출발한다. 1월 중순 몹시 춥던 어느 날, 권일용은 여성 회사원이 실종된 시각과 같은 시간대에 버스 정류장 두 곳에 나가보았다. 탐문 전에 기상청 홈페이지에서 실종 당일의 강수량, 기온 그리고 일몰과 일출 시각 등도 전부 확인했다.

버스 정류장 주변에는 주택가가 없었다. 정류장은 금속 기계류 중소기업 단지 내에 있었다. 공장과 공장 사이에는 꽤 거리가 있었다. 권일용은 추정 실종 시간 전후에 해당하는 몇 시간을 그 자리에 서서 주위를 살폈다. 말없이 고개를 돌리며 모든 풍경을 천천히 시야에 담았다. 바람을 느끼고, 귀를 열어 소리를 들었다. 범인이 보고 듣고 느낀 모든 감각을 똑같이 추체험하려 했다.

권일용은 현장에서 두 가지를 깨달았다. 첫째, 버스 정류장에서 실종자가 발생한 두 날 모두 체감온도가 몹시 낮은 날이었다. 둘째, 교외 지역이라 버스 배차 간격이 매우 길었다. 지나가던 동네 트럭 운전사가 권일용에게 "추운데 차 타세요, 큰길까지 데려다 드릴게요"라고 말을 걸어올 정도였다. '이래서 아무리 탐문을 해도 제보가 안 나오는구나.' 권일용은 무릎을 쳤다. 현장에 직접 오기 전까지는 왜 공장 지대 사람들이 면식이 없는 사람의 차를 타는 등 경계심이 없는 행동을 하는지 이해할 수 없었다. 그러나 현장에 나오니 이해가 되었다. 교통이 불편한 공간이 사람들로 하여금 쉽게 승차를 권하고, 또 거기에 응하게 만들었다. 아마도 범인은 그 마음을 다룰 줄 아는 사람일 것이었다.

"이놈이 이런 심리를 이용하는구나, 라고 생각했습니다. 또 일반인들이 보기에 위험해 보이지 않는 고급 승용차를 타거나, 혹은 범인의 인상을 좋게 해주거나 신뢰를 주는 장치가 차량에 있을 수 있다고 생각했어요. 가령 종교 단체 표지랄지…. 호의 동승으로 수사 초창기에 가닥을 잡았죠."

경찰은 필사적으로 수사했다. 노래방 도우미들을 상대로 최근 변태 성향의 손님이 있었는지 물었다. 어둡고 시끄러운 공간이라 다들 얼굴을 기억하지 못했다. 수사팀은 최면수사 기법으로 진술을 받아 범인의 몽타주를 그렸다. 실제로 노래방 도우미들에게 변태적 행위를 한 적이 있는 남성들이 잡혀 왔다. 그러나 다들 실종 당일 전후 알리바이가 확실해서 돌려보낼 수밖에 없었다. 역시 연쇄성 판단이 쟁점이었다. 이 점에 대해서는 경찰 내부에서도 의견이 갈렸다. 노래방 도우미 여성 세 명과 버스 정류장 실종 여대생 사건의 연쇄성에 대해 저마다 견해가 달랐다.

1월 경기도의 바람은 매서웠다. 고준채는 권일용과 함께 거의 매일 경기지방경찰청에 들렀다. 아침에 경기지방경찰청 과학수사계에 들러 수사 보고를 체크했다. 새로 확보한 참고인이나 목격자 명단을 보고 권일용이 이들을 면담하는 자리에 동석했다. 그 뒤에는 실종 사건이 벌어진 장소에 인접한 비봉인터체인지 등의 현장에 나갔다.

이렇게 종일 수사를 하고 돌아와선 저녁마다 회의를 했다. 매일 밤 10시 군포경찰서에 설치된 수사본부에 일선 경찰서, 경기지방경찰청, 본청 범죄행동분석팀 등의 형사 서른 명 이상이 모였다. 이 자리에서 다들 격론을 벌였다. 모든 논쟁은 일련의 사건들에 대

악의 마음을 읽는 자들

한 연쇄성 여부를 두고 벌어졌다. 회의는 때로 자정을 넘겼다. 그럴 때면 고준채가 운전사 역할을 했다. 그는 권일용과 범죄행동분석팀 동료들을 각자 집까지 데려다주고 마지막으로 귀가해서 쓰러져 잠들곤 했다. 1월의 어느 날 새벽 2시쯤이었을 것이다. 여느 때처럼 밤 늦도록 이어진 수사 회의를 마치고 귀가하던 때였다. 그날의 대화를 고준채는 지금도 기억하고 있었다. "준채야, 얘가 잡힐까?" 운전대를 잡은 고준채에게 권일용이 물었다. "언젠간 잡힐 거야, 잡히겠지." 권일용은 말했다. "그때가 되면, 너랑 나랑 이렇게 새벽에 외곽순환도로를 달렸던 게 추억이 될 거야. 언젠가 말이야."

관용차는 매일 배차配車 신청을 해야 했다. 차종은 주로 스타렉스나 아반떼였다. 신청은 고준채의 몫이었다. 매일 아침 나가고 새벽에 들어오다 보니 제때 차량을 반납하지 못하는 날도 많았다. 고준채는 늘 경찰청 배차 담당에게서 지청구를 들어야 했다. 2007년 1월은 추웠다. 범죄행동분석팀은 필사적이었다.

수원시 팔달구, 수원시 권선구 금곡동, 군포시 금정동, 화성시 신남동. 경기 서남부 지역에 위치한 이들 지역을 선으로 이으면, 뒤집어진 길고 뾰족한 삼각형 모양이 된다. 꼭짓점 아래에는 화성시가 있었다. 1980년대 연쇄살인이 벌어졌던 바로 그곳이다.

군포시의 지명 유래는 명확하지 않다. 군포시 자료를 보면, 군사 군軍 자와 물가 포浦 자를 쓴다. 조선시대 기록에 처음 나오는 군포천에서 유래했다는 설도 있고, 청일전쟁 때 청나라 군대가 이곳에 머물면서 군포로 불리기 시작했다는 설도 있다. 2006년 12월 기준 27만 4,000여 명의 인구를 가진 작은 도시다. 그런 군포시를 관할하는 군포경찰서가 돌연 형사들로 북적거리는 곳이 됐다. 2007년 1월 내내, 매일 밤 10시경이면 군포경찰서 별관 1층 과학수사계에 30여 명의 형사들이 모였다. '화성 부녀자 연쇄실종 사건 수사본부'가 군포경찰서에 설치돼 있었다. 경기지방경찰청 2부장으로 수사본부장인 박학근의 주재 아래 경기지방경찰청, 일선 경찰서 형사들은 물론 권일용과 범죄행동분석팀까지 자료를 공유하고 사건에 대해 격론을 벌였다.

연쇄냐, 아니냐. 고준채는 당시 회의장 분위기를 이렇게 기억했다. "연쇄냐 아니냐를 판단하는 게 제일 큰 업무였죠." 경기지방경찰청과 일선 경찰서 형사들 상당수는 여전히 연쇄성에 회의적이었다. 연쇄 범죄라는 개념은 여전히 낯설었다. 실무적으로도 부담스러웠다. 연쇄 범죄임을 인정하는 순간 언론과 경찰 상부의 관심이 집중되는 탓이다.

권일용은 회의석상에서 여러 차례 공식적으로 연쇄 범죄의 가능성을 주장했다. 그때까지 권일용은 화성과 군포를 잇는 39번 국도를 낮과 밤에 여러 번 찾았다. 노래방 도우미 세 명과 버스 정류장 실종자 두 명 등 다섯 명의 휴대전화가 꺼진 시점과 장소에 대한 정보들을 수십 번 검토했다.

"지리적 프로파일링을 적용해봤을 때 39번 국도 중심으로 공격 행위들이 이루어진 것으로 추정됩니다. 실종 지역들이 39번 국도로 연결됩니다. 실종자들의 휴대전화가 꺼진 시각 등도 이런 분석을 뒷받침합니다." 권일용의 주장에 대해 형사들은 반론을 쏟아냈다. 실제로 훗날 범인이 잡히면서 범인의 주거지와 범인이 범행을 준비한 축사가 둘 다 39번 국도 라인에 위치했다는 점이 사실로 드러났다.

박학근은 연쇄 범죄일 가능성과 아닐 가능성을 모두 고려해 인력을 배치했다. 수사팀 일부 인력을 연쇄성 수사 전담으로 활용했다. 경찰청 범죄행동분석팀과 경기지방경찰청 둘 다 필사적이었다. 경기지방경찰청은 전직 경찰, 범죄심리학자 등 민간인 전문가에게 자문을 구하는 이례적인 노력도 펼쳤다.

(화성=연합뉴스) 최찬홍 기자=50일간의 공개수사에도 불구, 용의자의 윤곽조차 파악되지 않은 경기도 화성 부녀자 연쇄실종 사건에 외부 전문가들이 투입돼 경찰 수사를 돕게 된다.

대대적인 수색 작업과 차량 수사, 휴대전화 통화자 수사 등 전방위, 저인망식 수사에도 이렇다 할 단서를 찾지 못한 데 따른 고육지책이지만 경찰이 거는 기대는 크다.

경기지방경찰청은 26일 수사본부가 차려진 군포경찰서와 사건 발생 현장에서 이례적으로 '열린 수사 회의'를 개최했다. …(중략)… 수사 회의에 초청된 외부 인사는 순천향대 경찰행정학과 장석헌(47) 교수와 한림대 심리학과 조은경(45) 교수, 경기대 범죄심리학과 이수정(43) 교수, 경찰대 행정학과 표창원(41) 교수 등 교수 네 명과 서기만(67, 전 서울청 강력반장), 윤영문(58, 전 서울 송파서 강력반장), 김원배(59, 전 경찰청 강력계 근무·현 경찰청 범죄연구관) 씨 등 전직 경찰관 세 명.

외부 전문가들은 이날 오전 10시부터 오후 2시 30분까지 연쇄실종된 부녀자 세 명의 사건 발생 당일 동선을 따라 이동하며 현지 실사를 벌였다.

현지 실사에서 이들은 실종된 노래방 도우미 박 모(37, 수원시), 배 모(45, 안양시) 씨와 회사원 박 모(52, 군포시) 씨 등 세 명의 마지막 목격 장소부터 휴대전화 전원이 끊긴 화성시 비봉면 구간을 둘러보며 사건의 공통분모 및 수사 미비점 등에 대해 분석했다.

이어 외부 전문가들은 오후 3시부터 군포경찰서 회의실에 모여 각자의 사건 분석 결과에 대해 자유 토론을 벌였다. 경기지방경찰청 관계자는 "사건 수사가 장기화됨에 따라 수사본부 형사들이 간과할 수 있는 부분에 대해 조언을 듣기 위해 열린 수사 회의를 열었다"며 "외부 전문가들의 의견을 적극적으로 수렴해 수사에 활용할 계획"이라고 말했다.

〈연합뉴스〉 2007년 2월 26일 보도

조은경 동국대 경찰행정학과 교수는 당시 한림대에서 재직하며 우리나라 범죄심리학 연구를 선도하고 있었다. 조 교수는 2000년대 초 윤외출, 권일용과 함께 미국 등 해외 범죄심리학 자료를 읽고 공부 모임을 했던 인물이다. 윤외출과 권일용은 프로파일링이 벽에 부닥칠 때면 종종 조 교수에게 전화를 걸었다.

이수정 경기대 범죄심리학과 교수는 이날 회의를 아직도 생생히 기억하고 있었다. "현장 수사관들은 단순 부녀자 실종으로 여기는 분이 많았죠. 수사에 혼란을 초래하지 말라는 반박도 들었습니다." 회의 이후 경찰은 실종자를 찾는 현수막을 거리에 내걸었다. 공개수사로 전환한 것이다.

악의 마음을 읽는 자들

수사는 답보 상태인데 공포는 커져갔다. 한동안 뜸했던 언론 보도가 5월에 다시 잇달았다. 5월 8일 안산 상록구 도로 옆 풀숲에서 부패된 여성의 시체가 발견됐다. 디엔에이 감식 결과 지난 2006년 12월 24일 팔달구에서 실종된 노래방 도우미 여성으로 드러났다.

〈연합뉴스〉 보도를 시작으로 다시금 언론은 화성 연쇄실종 사건 보도를 쏟아냈다. 실종이 살인 범행으로 이어졌음이 최초로 확인된 것이다.

(화성=연합뉴스) 최찬홍 기자=지난 8일 오전 경기도 안산시 사사동 구반월사거리 인근 야산에서 암매장된 채 알몸 시신으로 발견된 여성은 화성 부녀자 연쇄실종 사건의 피해자 중 한 명인 박 모(36) 씨로 확인됐다.

경찰은 이에 따라 나머지 실종 여성들도 범죄 피해 가능성이 높다고 보고 암매장 장소 일대에서 대대적인 수색 및 발굴 작업에 들어갔다. 경기지방경찰청 형사과는 10일 국립과학수사연구소의 DNA 대조 결과 암매장 여성과 박 씨가 동일 인물로 판명됐다고 밝혔다. 국과수는 시신의 DNA와 박 씨가 쓰던 빗 등 생활용품에서 채취한 DNA를 대조해 유전자형이 일치함을 확인했다.

박 씨의 목에는 팬티스타킹이 묶여 있어 목 졸려 숨진 것으로 추정됐으며, 국과수는 시신에서 질액을 채취, 범인의 체액이 섞였는지 확인 중이나 수개월이 경과돼 감정에 어려움이 예상됐다.

〈연합뉴스〉 5월 10일 보도

권일용과 범죄행동분석팀은 매일 케이스링크 작업을 치밀하게 준비했다. 정남규 사건의 교훈을 권일용은 생생히 떠올리며 눈앞에서 놓친다는 말의 의미를 뼛속에 새겼다. 정남규와 달리 화성 연쇄실종 사건의 범인은 냉각기가 길었다. 2007년 1월 이후 유사 범죄가 그쳤다. 게다가 실종 사건은 무차별 살인 범죄와 달리 현장의 정보가 많지 않았다. 이해 가을까지 범죄행동분석팀은 매일 경기지방경찰청으로 출근했으나, 답보 상태가 길게 이어졌다.

　　대통령 선거가 있는 해였다. 권일용 바깥의 세상은 정치 이야기로 넘쳤다. 그러나 권일용의 머릿속은 화성 연쇄실종 사건 범인에 대한 상상으로 가득했다. 누굴까. 강제로 납치한 게 아니고 여성을 호의 동승으로 이끈 그 남자. 사람의 마음을 이용할 줄 아는 그 사람. 그는 아마 정남규와는 많이 다를 것이었다.

　　실종 사건 프로파일링은 여느 살인 사건보다 난도가 높은 작업이었다. 무엇보다, 살인 사건과 달리 혈흔이나 족적 등의 현장 정보가 없었다. 실종 사건의 케이스링크에는 정남규 등의 살인 사건과는 다른 해법이 필요했다. 데이터베이스가 필요했다. 이 때문에 미국 수사기관은 과학수사 및 프로파일링 데이터베이스인 '흉악범죄 체포 프로그램', 즉 VICAP(혹은 ViCAP)*를 만들었다. "바이캡"으로 불리는 이 프로그램은 살인뿐 아니라 실종과 변사 정보도 집적하는 것으로 알려져 있다. 수사관들은 실종 사건이 발생했을 때 이 프로그램을 통해 금방 다른 실종 사건과의 연관성을 검토할

---

*　　Violent Criminal Apprehension Program.

수 있었다. 그러나 한국 경찰에는 아직 이런 시스템이 존재하지 않았다.

이 사건 외에도 권일용과 범죄행동분석팀이 분석할 사건은 넘쳐났다. 권일용 팀은 잠시 화성 연쇄실종 사건 파일을 서랍 속에 넣어두어야 했다. 흡사 조각을 거의 다 맞추었지만 중요한 몇 곳은 비어 있는 지그소 퍼즐 같았다. 빈 곳에 맞는 퍼즐 조각은 통 보이지 않았다. 2007년 말 고준채는 경찰청 범죄행동분석팀에서 다른 부서로 발령받았다. 권일용은 화성 연쇄실종 사건 말고도 매일 숱한 미제 사건들을 검토하고 분석했다. 2007년 겨울부터 2008년 가을까지 권일용은 살인, 방화, 강간 등 각종 미제 사건들을 조사하느라 바빴다. 무차별 범죄와 연쇄 범죄에는 살인 사건만 존재하는 것이 아니다.

지그소 퍼즐을 완성시킬 조각이 발견된 것은, 시간이 훌쩍 지난 2008년 12월이었다. 그날 권일용은 오랜만에 경기지방경찰청의 전화를 받았다. 12월 19일 오후 3시경 군포시 군포보건소 앞에서 스물한 살 여대생이 사라졌다는 내용이었다. 실종 장소는 집 바로 근처였다. 실종자는 가출할 나이도 아니었고, 가출할 이유도 없었다.

실종 신고를 받은 경찰은 다시 대대적인 수사에 나섰다. 12월 19일 오후 3시 30분경 실종자의 휴대전화 배터리가 강제로 분리된 기록이 확인됐다. 화성 연쇄실종 사건 보도는 실종자 시신이 처음 발견된 2007년 5월 이후로 잠잠한 상태였지만, 여대생 실종 사건으로 다시 언론 보도가 이어졌다. 대낮에 집 근처에서 여대생이 사라진 사건은, 잠시 실종 사건을 기억에서 지우고 지내던 주민들에게서 잊고 있었던 감정을 다시금 불러일으켰다. 그것은 공포였다.

눈치 빠른 기자들은 경찰의 움직임을 놓치지 않았다. MBC는 2009년 1월 13일 "군포 여대생 실종, 애타는 가족 빨리 보내주세요"라는 제목으로 뉴스를 내보냈다. 신경민 앵커가 침통한 표정으로 소식을 전했다.

> (앵커) 경기도 군포에서 실종된 20대 여대생 사건이 26일째입니다. 대낮에 일어난 사건이지만 목격자와 유력한 제보가 없어서 애만 탑니다. 이혜온 기자입니다.
>
> (기자 리포팅) 경기도 군포 보건소 앞에서 스물한 살 여대생이 실종된 지 26일째, 가족들 심정은 절박합니다.
>
> (실종 여대생 아버지 목소리) 하루하루 잠도 못 자고 온 가족이 피를 말리는 심정으로 기다리고 있습니다. 빨리 (딸을 집으로) 보내주십시오.
>
> 가족들은 MBC에 보낸 편지에서 직접 발로 뛰지 못하고 기다리는 입장이라 답답하다. 가족을 찾는 마음으로 수사해달라고 호소했습니다. 하지만 수사는 진전이 없습니다. 대낮에 실종됐지만 목격자는 나오지 않고 있습니다.

권일용과 범죄행동분석팀 입장에서는 오랜 냉각기 끝에 다시 찾아온 기회였다. 이번에도 호의 동승이 의심됐다. 권일용은 버스 정류장 현장 답사를 통해 왜 화성 연쇄실종 사건에 유독 제보자나 목격자가 없는지를 일찌감치 확인했었다. 스스로 차에 오르는 호

악의 마음을 읽는 자들

의 동승을 눈여겨볼 사람은 없다.

하나의 단서에서 출발해야 했다. 실종자가 사라진 당일 실종자의 신용카드가 사용된 기록이 나왔다. 경찰에게 주어진 팩트는 두 개였다. 실종자의 실종 위치. 그리고 같은 날 저녁 안산시 상록구의 한 은행 현금인출기에서의 현금 인출.

작은 단서 하나라도 더 얻어내야 했다. 권일용과 범죄행동분석팀은 현금인출기 주변을 지나던 사람들을 상대로 최면수사를 실시했다. 최면수사는 국립과학수사연구소에서 실험적으로 도입한 첨단 수사 기법이었다. 두 명의 목격자 모두 최면수사를 통해 "범인이 계절에 맞지 않은 베이지색 내지 노란색 재킷을 착용"했다고 진술했다. 훗날 강호순이 현금을 인출할 당시 실제로 베이지색 재킷을 입었다는 사실이 확인되었다.

최면수사로 수사 대상이 좁혀졌다. 근처에 있던 다른 목격자가 최면수사에서 "차 위에 삼각형이 있었다"고 진술한 것이다. '차 위의 삼각형'은 택시 표지를 의미하는 것으로 해석됐다. 권일용은 인근 거주자를 먼저 수사해야 한다는 의견을 수사팀에 전달했다.

경찰은 실종 장소와 현금인출기 위치 사이의, 가능한 차량 동선의 경우의 수를 모두 체크했다. 그러고 나서 동선상에 위치한 시시티브이를 일일이 확인했다. 여대생이 실종된 장소 근처 도로에 2008년경 시시티브이가 설치됐다. 경찰은 실종 신고 전후 시간대에 찍힌 폐회로텔레비전의 화면을 모두 체크했다. 형사들은 지루한 화면을 돌려 보고 또 돌려 보면서 몇천 대를 다 확인했다.

밑 빠진 독에 물을 붓듯 폐회로텔레비전 화면 검색에 시간을 투입한 것이 끝내 결실을 보았다. 실종 여대생이 승용차에 오르는 장면이 포착된 것이다. 해당 승용차의 번호판이 선명하게 확인됐다. 차종은 고급 승용차인 에쿠스였다.

에쿠스 승용차의 소유주를 확인하는 일은 어렵지 않았다. 평소 실제 차를 이용한 사람은 차 소유주의 아들이었다. 경찰은 아들의 전과 조회를 했다. 강간 전과가 있었다. 아들의 직업은 마사지사였다. 경찰은 그가 일하는 마사지 업소로 찾아가 당일 행적을 물었다. 마사지사는 거짓 알리바이를 댔다. 공교롭게도 마사지사의 집 근처에 시시티브이가 있었다. 그 폐회로텔레비전 화면으로 거짓 진술임이 들통났다.

경찰은 2009년 1월 23일 마사지사의 자택 등을 전격 압수수색했다. 마사지사는 교외에서 개를 기르는 축사를 운영하고 있었다. 개 축사에서 범행 도구가 발견됐다. 마사지사는 곧 체포됐다. 강호순. 그의 이름은 곧 전국적으로 알려질 것이었다.

경찰이 강호순을 체포한 것은 권일용이 박학근의 전화를 받았던 2006년 12월로부터 만 2년이 지난 시점이었다. 에쿠스 차량의 운전자가 범인이었다. '호의 동승'일 것이라는 권일용과 범죄행동분석팀의 분석이 이번에도 들어맞았다. 2008년형 에쿠스의 가격은 약 4,500만~7,000만 원이다. 고급 승용차가 피해자들의 경계심을 풀게 했다.

강호순이 체포되자 권일용과 범죄행동분석팀은 오히려 더 바빠졌다. 강호순은 거친 짐승 같은 정남규와 달랐다. 피해자의 마음을 이용할 줄 알았다. 깔끔한 외모와 말투를 지녔고, 에쿠스 승용차를 바라보는 상대방의 감정을 잘 알고 이용했다. 강호순은 마음 사냥꾼이었다. 강호순과의 면담 결과는 유사 범죄 수사 참고 자료로 사용될 것이다.

2009년 1월 말, 안산 단원경찰서 진술녹화실 테이블에 두 남자가 마주 앉았다. 권일용이 강호순을 면담하던 시점에 강호순은 아직 자신의 범죄를 모두 자백하지 않은 채 버스 정류장 실종 사건에 대한 혐의를 부인하고 있었다. 좁은 진술녹화실의 대기에 긴장감이 감돌았다. 강호순이 먼저 입을 열었다.

"프로파일러가 나랑 대화하려고 왔으면 물이라도 한 통 들고 오셔야지."

"나는 물 갖다주는 사람 아니야."

권일용이 답했다. 권일용이 기억하는 강호순의 말투는 존댓말도 아니고 반말도 아니었다. 보통 "말이 짧다"고 표현하는 말투였다. 강호순은 권일용에게 기어코 마음의 문을 연 유영철이나 정남규와는 많이 달랐다.

"그럼 디엔에이라도 가져오시든가." 강호순의 '짧은' 말투가 이어졌다. 권일용은 강호순의 단단한 감정의 벽을 허물어야 했다. '약한 점'을 찌르고 들어가기로 했다. 바로 가족이었다.

"너는 평생 네 아들한테 악마, 연쇄살인범으로 기억되고 싶나? 어떤 아버지가 그렇겠어? 네 자식이 컸을 때 당신을 어떻게 기억하는 게 좋겠나? 나한테 답을 주는 게 아니고, 네 스스로 생각을 해봐라. 나는 네가 저지른 범행 외에는 별 관심이 없어."

권일용은 강호순의 마음을 열기 위해 말을 이어갔다. 강호순은 아들을 언급하자 잠시 동요하는 듯했지만, 끝까지 마음의 둑을 완전히 허물지 않았다. 면담은 짧게 끝났다.

"강호순과는 정남규, 유영철과 했던 것처럼 면담을 길게 하지는 않았어요. 정남규, 유영철은 다른 증거가 많이 확보되지 않은 상태라 인터뷰가 길어졌습니다. 그러나 강호순은 집을 압수수색해보니 옷도 수십 벌이 나왔고 증거들이 있었죠."

강호순이 소유한 많은 옷을 전부 디엔에이 분석하려면 한 달 이상이 걸리는 상황이었다. 권일용은 경기지방경찰청 과학수사계장에게 "전부 분석할 필요는 없습니다. 고급 승용차를 몰고 다녔으니 그에 걸맞은 고급스러운 옷을 입었을 겁니다. 고급 옷부터 디엔에이 분석합시다"라고 제안했다. 실제로 고급 양복을 검사하자마자 옷에서 피해자 혈흔이 검출됐다.

경찰이 증거를 내밀자 결국 강호순은 범행을 인정했다. 그는 1월 말 노래방 도우미와 버스 정류장 실종자 등 일곱 명을 살해했다고 혐의를 인정했다. 수원지검 안산지청은 2009년 2월 22일 수원지방법원 안산지원에 강호순을 강간살인 혐의 등으로 기소했다.

경찰은 2월 3일 언론 브리핑을 했다. 박학근이 기자들 앞에 섰다. "경기지방경찰청 수사본부에서는 2006년에서 2008년 사이 경기 서남부 일대에서 일곱 명의 부녀자를 살해 후 암매장한 연쇄살인범 강호순을 검거하여 강도살인 등의 혐의로 금일 수원지검 안산지청으로 송치 예정입니다." 언론은 정남규 사건의 기억이 채 잊히기도 전에 또다시 냉혈한이 나타난 것에 경악했다.

이상심리학에서 반사회성 인격장애의 진단 기준으로 꼽는 것은 다음과 같다. 규범을 준수하지 않기, 개인적 이익을 위한 반복적 거짓말이나 사기, 꾸준하게 직업 활동을 하지 못하는 지속적인 무책임성, 타인에게 상처를 입히고도 이를 합리화하는 자책의 결여. 경찰 수사와 재판 과정에서 드러난 강호순의 삶은 이런 행위로 점철되어 있었다. 무엇이 냉혈한을 낳았나. 권일용은 2009년 겨울 다시 한번 이 질문의 답을 찾아야 했다.

냉혈한 강호순. 그의 공감 회로는 언제 끊겨버렸을까. 범죄행동분석팀은 강호순의 일대기를 우선 파악했다. 강호순은 1970년 충남 서천군에서 태어났다. 3남 2녀 중 차남이었다. 아버지는 술을 마시면 종종 어머니를 구타했다. 강호순은 충청도에서 초등학교, 중학교, 고등학교를 다녔다. 공부를 잘하지는 않았지만 딱히 심각한 사고를 치지도 않았다. 1980년대 말 하사관으로 군 복무를 했다. 이때부터 강호순의 특이성이 나타나기 시작했다. 그는 휴가 중 소를 훔쳐 불명예제대를 했다.

폭력. 강호순은 20대 초반부터 여성에 대한 폭력과 무시의 행위를 보였다. 상대 여성에게 자신을 대학생이라고 속이고 20대 초반의 나이에 결혼했다. 아들을 둘 낳았다. 경제적으로 무능했다. 아내를 지속적으로 폭행했고, 이혼했다. 이혼 후 만난 여성과 데이트하다 그녀를 강간했다. 여성은 어쩔 수 없이 강호순과 결혼했으나 곧 이혼했다.

속임수. 강호순의 과거 범행 이력을 보면 지속적인 보험 사기가 눈에 띈다. 강호순은 2000년에 식당을 운영하다 스스로 불을 지른 뒤 허위 신고해 보험금 3700만 원을 탔다. 자동차보험 가입 뒤 일부러 교통사고를 내서 2001년에 보험금 7300여만 원을 탔다. 강호순은 사업 수완이 없어 마사지 업소와 개 사육 농장을 운영했으나 번번이 실패했다. 또다시 돈이 필요해졌다.

2005년 강호순은 일부러 불을 내 세 번째 부인과 장모를 살해했다. 하나 이번에는 보험금 수령이 쉽지 않았다. 화재 현장에 난로가 없는데 불길이 이상하게 타오른 점에 경찰은 주목했다. 2006년에서 2007년에 걸쳐 경찰의 내사를 받았지만 경찰이 끝내 혐의 입증에 실패하고 내사를 종결함에 따라, 2007년 1월 4억 8300만 원의 보험금을 타내는 데 성공했다. 그 돈으로 그해 4월 에쿠스 중고 승용차를 1700만 원에 구입했다. 그리고 돈 많은 보험 사기범은 여성을 납치하기 시작했다.

이수정 교수는 강호순에 대해 "가장 서구화된 개념의 섹슈얼한 연쇄살인범"이라고 평한 바 있다. 강호순의 삶을 관통하는 것은 두 가지였다. 돈에 대한 집착과 여성을 물건처럼 대하는 태도. 판결문을 보면 강호순은 "유통기한이 경과한 식품까지 아들들과 나누어 먹었"고, "방전된 승용차 배터리도 중고품으로 구입하기 위하여 판매처를 전전하다 3만 원의 배터리를 2만 원에 구입"했다.

체포된 것도 어이없을 정도로 돈에 집착한 것이 계기가 되었다. 2008년 12월 마지막 범행을 저지르고 강호순은 여대생의 신용카드로 현금인출기에서 돈을 인출했다. 당시 강호순은 직전에 저지른 방화살인 보험 사기를 통해 4억 8300만 원을 확보했기 때문에 전혀 돈이 필요하지 않은 상황이었다. "돈이 부족함을 느끼지 못하였음에도 신용카드를 이용하여 돈을 찾아보고 싶은 강렬한 욕구."

훗날 법원은 판결문에서 강호순의 탐욕을 이렇게 표현했다.

그가 여성을 유혹할 때 탄 차는 과거에는 구형 그랜저였고, 이후에는 에쿠스였다. 여자를 유혹할 때 유용하다는 이유에서였다. 주위 사람들에게 "에쿠스를 타면 여자를 꼬시기 쉽다"고 말했다. 강호순은 성기 확장 수술도 받았다. 2008년 1월 범행의 냉각기(쿨링오프)에 맞선을 본 여성을 강간해 고소당했다. 여성은 강호순에게 오로지 '성교의 대상'이었다. 강호순은 2003년부터 3년간 개 사육 농장을 운영하면서 개를 직접 도축했다. 이 과정에서 신체 훼손에 대한 거부감이 사라졌다.

어떻게 이런 냉혈한이 태어났나. 강호순의 과거만 봐서는 설명하기 어렵다. 연쇄살인을 저지르기 전에도 전과가 있었지만 전부 벌금형이었다. 절도, 음주운전, 상해 혐의 등이었다. 이것들도 죄질이 좋지 않은 범죄지만, 조현길(가명)이나 정남규처럼 연쇄살인 범행 전에도 강간살인 전과를 가지고 있던 것은 아니었다. 1심 재판부는 판결문에서 강호순에 대해 "반사회적 행동에 대한 양심의 가책이나 죄의식의 결여, 병적인 거짓말, 후회나 죄책감의 결여, 인간과 사회 심지어 가족에 대한 냉담한 태도 등 전형적인 사이코패스의 성격적 특성을 나타내고 있다"고 썼다.

사이코패스는 '반사회적 인격장애'로 정의된다. 강호순의 출현으로 사이코패스에 대한 세간의 관심이 커졌다. 한국 범죄심리학 연구를 이끈 조은경, 이수정 교수가 사이코패스 체크리스트인 'PCLR'을 도입했다. PCLR은 미국의 로버트 헤어Robert D. Hare가 1980년에 처음 만든 것으로 여러 문항들로 구성된 검사 도구다. 이수정 교수는 2009년 강호순이 기소된 뒤 재판 과정에서 강호순을 대상으로 이 검사를 실시했다. PCLR은 학교생활, 가족 및 친구 관계, 직장 생활 등에 대한 질문에 피검사자가 내놓는 답변을 분석한다.

"당신은 어렸을 때 학교를 좋아했습니까?"

"일을 그만둔 적이 있습니까? 왜 그만두었습니까?"

"일을 하지 않을 때 어떻게 생계를 유지했습니까?"

"누구를 깊이 사랑한 적이 있습니까?"

이와 같은 문항들은 병적인 거짓말, 죄책감 결여, 행동 통제력 부족, 충동성, 무책임성 등을 규명하기 위해 의도적으로 작성된 것이다.

PCLR 검사 결과는 강호순이 사이코패스임을 가리키고 있었다.

권일용이 언론 인터뷰나 강의 때 가장 많이 듣는 질문이 있다. 괴물은 만들어지는가, 태어나는가. 이에 대해 이수정 교수는 2018년 나와 진행한 인터뷰에서 '후천적 결정'에 무게를 뒀다. "살인자의 반사회성은 만들어지는가, 태어나는가가 쟁점이죠. 서구 사회에서는 반사회성에 유전적 요인이 있다고 여기는데, 그건 한국과 달리 서구 사회가 인종이 다양한 이질적 집단이기 때문에 유전적 이유를 중요하게 여기기 때문이죠. 그러나 한국은 다릅니다. 한국 사람은 다 균질합니다. 그런 관점에서 한국에서 유전적 이유로 누구는 괴물이 된다는 건 가능성이 높아 보이지 않아요. 저는 후천적 결핍이 훨씬 영향이 크다고 봅니다." 격변하는 한국의 사회 환경이 심리적으로 나약하거나 취약한 사람에게 큰 영향을 주는 것 같다는 게 이

악의 마음을 읽는 자들

교수의 분석이다. 판결문을 보면, 강호순은 어릴 적에 아버지의 가정폭력을 경험했으나 정남규처럼 끔찍한 폭력이나 성폭행을 당하지는 않았다.

강호순 사건은 한국 사회에 두 가지 논쟁을 가져왔다. 사형제 존폐 논쟁과 흉악범의 얼굴 사진 보도 문제다. 해당 언론사의 정치적 논조에 따라 어떤 언론은 사형 집행과 흉악범의 얼굴 공개에 비판적이었는가 하면, 어떤 언론은 사형제와 얼굴 공개에 우호적이었다.

검찰은 2009년 2월 강호순을 기소했다. 재판은 신속하게 진행됐다. 범행을 둘러싼 사실관계에 대해서는 크게 다툴 것이 없었다. 형량이 쟁점이었다. 더 정확히 말하면, 사형 판결 여부였다.

2009년 4월 22일 오전 9시 40분, 수원지법 안산지원 401호 법정 판사석에 앉은 1형사부 재판장이 입을 열었다. "피고인의 반사회적 성격 및 사이코패스적 성향을 감안하여 볼 때 다시 사회에 환원된다고 한다면 이 사건 범행과 같은 범행을 다시 저지를 가능성이 높다." 재판부는 강호순에게 사형을 선고했다.

사형 반대론자들의 논리 중 하나가 오심 가능성이다. 그러나 스스로 범행을 자백해 오심 가능성이 없는 야수, 교정 가능성이 존재하지 않는 야수, 피해자의 유가족이 사형을 요구하는 야수에 대해서도 한국 사회는 1998년 이후 사형을 집행하지 않고 있다. 우리나라는 국제사회에서 '실질적 사형 폐지 국가'로 분류된다. 여섯 차례나 사형 폐지 법안이 상정되었으나 국회를 통과하지 못했다. 김대중 정부, 노무현 정부 때도 마찬가지였다. 우리나라는 1948년 정부 수립 이후 1997년까지 총 1,200여 명에 대해 사형을 집행한 것으로 추정된다.

국회《입법과 정책》자료를 보면 1998~2012년 1심 형사공판에서 사형을 선고받은 인원은 총 115명이다. 살인 혐의 60명, 강도살인 33명, 성폭력특별법 위반 11명, 특정범죄가중법 위반 6명이다. 이 중 국가보안법 위반 피고인은 없다. 과거 사형반대론의 근거 중에 제도의 남용에 의한 정치적 살인 가능성이 있었다. 그러나 적어도 현재는 이런 논리가 사형제 반대의 근거가 되기에는 설득력이 약한 셈이다.

진보주의자들의 바람과 달리 한국인의 법감정은 사형 존속 지지에 가깝다. 이른바 진보정권 때도 국회에서 사형 폐지 법안이 통과되지 않은 이유다. 일반 시민이 형사재판에 배심원으로 참여하여 의견을 내는 국민참여재판 제도는 2008년에 도입됐다. 2013년 국민참여재판으로 인천지법에서 열린 한 존속살해 사건 재판에서 배심원 아홉 명 중 여덟 명이 사형 의견을 냈다.

이수정 교수는 "사형 집행에는 반대하지만 법률상 사형 제도 폐지는 아직 논의가 더 필요하다"고 말했다. 이 교수는 2009년 봄 강호순을 면담하고 헤어지던 순간의 기억을 잊지 못한다고 했다. 인터뷰 마지막에 강호순이 이 교수에게 "사형이 집행될 것 같으냐"고 물었다. "제가 '집행될 확률이 낮아 보인다'고 하니 안도하는 표정을 짓더군요. 세상에서 강호순이 두려워하는 게 사형 집행밖에 없지 않았나, 하는 생각이 들었습니다."

복수는 인류의 오랜 주제다. 유영철에게 아내와 아들을 잃은 구재영(가명) 씨는 가톨릭의 살인 사건 피해자 모임인 '해밀' 활동을 한다. 구재영 씨는 유영철을 용서하겠다고 하면서 사형제 폐지 운동도 벌였다. 반면 강호순에게 살해된 스무 살 여성의 아버지 오경수(가명) 씨와 남은 가족들은 2018년 현재까지도 상처에서 벗어나지 못하고 있다. 두 사람 모두 인터뷰 요청을 거절했다. 둘 다 평생 상처에서 벗어나지 못할 것이다. 강호순과 유영철은 지금도 교도소에 살아 있다. 사형은 집행되지 않고 있다.

1988년 미국 민주당 대통령 선거 후보였던 마이클 듀커키스 Michael Stanley Dukakis는 사형 반대론자였다. 당시 공화당 후보였던 조지 부시 George Herbert Walker Bush 와의 텔레비전 토론회에서 진행자가 듀커키스에게 질문했다. "아내가 강간 살해당하더라도 당신은 사형에 반대할 것인가." 듀커키스는 "나는 오랜 기간 사형에 반대해왔으며, 사형에 (범죄) 억제력이 있다는 어떤 증거도 알지 못한다"는 원론적인 답변을 했다. 시청자들은 듀커키스에게서 부정적인 인상을 받았다. 결국 대선에서 조지 부시가 승리해 제41대 미국 대통령이 되었다.

권일용은 "연쇄살인범 사형 집행에 찬성한다"고 말했다. 그는 교정 가능성이 없어 보이는 냉혈한들을 2000년부터 계속 만나오고 있다. "도대체 어떤 인간이기에 이런 짓을 저지를 수 있었을까? 이 질문에 대한 대답은 때로는 엄청난 고통일 수도 있다. 그러나 목수가 나무를 가다듬고 석수가 돌을 쪼듯이, 수사관은 범죄를 목석처럼 다룰 줄 알아야 한다."* 권일용은《마인드헌터》속 구절을 종종 떠올렸다.

---

* 존 더글러스 · 마크 올셰이커, 이종인 역,《마인드헌터》(비채, 2017), 442~443쪽.

5

인터뷰 게임

프로파일링은 글 쓰는 일과 비슷하다. 컴퓨터에 문법, 구문, 문체 등의 자료를 입력해놓았다고 해서, 컴퓨터가 자동으로 글을 써주지는 못하는 것이다.[*]

존 더글러스, 《마인드헌터》

---

[*] 존 더글러스 · 마크 올셰이커, 이종인 역, 《마인드헌터》(비채, 2017), 229쪽.

2007년 3월 19일, 부슬비가 내리는 날이었다. 그날 통신사 '연합뉴스'의 기사를 받아 보는 기자들의 노트북 기사 창에 일제히 사건 기사가 떴다. "제주서 9세 여자 어린이 실종 나흘째"라는 제목의 보도였다.

(제주=연합뉴스) 유현민 기자=피아노 학원에 다녀오던 아홉 살 여자 어린이가 실종돼 경찰과 공무원 등이 대대적인 수색 작업을 벌이고 있으나 나흘째 행방이 묘연해 가족과 주위 사람들의 애를 태우고 있다.

19일 제주도 서귀포경찰서에 따르면 양지승(9) 양의 실종 신고가 접수된 지난 16일 오후 8시부터 이날까지 경찰 등 모두 2,000여 명의 인력을 동원해 양양의 주거지인 서귀포시 서홍동을 중심으로 호근, 동홍서, 호동, 돈내코 일대의 빈집과 야산, 과수원, 해안 등을 대상으로 수색 작업을 벌였으나 양양을 찾지 못했다.

경찰은 실종 신고를 받은 16일부터 가족과 학원 관계자 등의 진술을 토대로 양양의 행적을 추적하는 한편 양양 가족 주변 인물과의 원한 관계 여부를 조사했으나 지금까지 양양을 납치했다며 금품을 요구하는 전화도 없었고 가족들의 대인 관계도 원만한 편이어서 뚜렷한 단서를 찾지 못했다.

〈연합뉴스〉 2007년 3월 19일 보도

서귀포시 서홍동은 아름다운 땅이다. 작은 행정구역 안에 천지연폭포 같은 절경이 숨어 있다. 2007년 인구가 1만 명이 되지 않는 그곳에서 아홉 살 여자아이의 실종은 큰 사건이었다.

3월 16일 오후 5시경, 지승이는 언제나처럼 학원 버스를 타고 집 근처 도로에서 내렸다. 주위에 마트, 피아노 학원, 초등학교가 있는 한적한 시골 마을이었다. 버스에서 내린 뒤 지승이는 실종됐다. 경찰은 대대적으로 마을을 수색하고 주민을 탐문했다. 늘 그렇듯이 원한 관계와 이해관계를 먼저 조사했다.

제주는 섬이다. 제주 경찰은 자신감이 있었다. 특이 사항이 있는 전과자 등은 공항과 항구의 검색 과정에서 확인될 것이다. 과거에 그랬으니까. 그러나 지승이의 경우는 달랐다. 공항이나 항구의 검문검색 과정에서 단서가 나오지 않았다. 경찰은 수사본부를 설치하고 지승이 집 주변을 샅샅이 뒤졌다. 빈집, 정화조, 과수원, 창고, 쓰레기 매립장, 포구, 바닷속 등을 수색했지만 단서를 찾지 못했다.

3월 16일 저녁에 지승이가 탔던 학원 버스 운전기사도 조사를 받았다. 기사는 일상적으로 원생 10여 명을 버스에 태우고 집과

악의 마음을 읽는 자들

학원을 오갔다. 운전기사는 거짓말탐지기 조사 결과 '판단 불능'이 나왔다.

거짓말탐지기는 특정 질문에 피검사자가 거짓으로 답할 때 맥박과 호흡 등 생체반응이 달라지는 것을 잡아낸다. 그러나 이런 생체반응이 반드시 거짓말을 할 때만 나오는 것은 아니다. 가령 과로나 음주도 거짓말탐지기 결과에 영향을 미칠 수 있다. 이런 이유로 법원은 거짓말탐지기의 법적 증거 능력을 인정하지 않는다. 다만 검찰과 경찰은 수사 참고 자료로 여전히 거짓말탐지기를 활용했다.

수사가 4주째 답보 상태에 빠지자 제주지방경찰청 수사과장이 전화기를 집어 들었다. 그는 화성 연쇄실종 사건으로 거의 매일 경기지방경찰청으로 출근하던 권일용에게 전화를 걸었다. 권일용이 범죄행동분석팀장이 된 지 서너 달 됐을 때였다. 양지승 실종 사건의 프로파일링을 해달라는 요청이었다. 이 무렵 권일용 또한 화성 연쇄실종 사건이 2007년 1월부터 답보 상태에 빠진 터라 공교롭게도 어느 정도 시간적 여유가 생긴 상황이었다. 권일용은 2007년 4월 범죄행동분석팀 백승경, 정형곤과 함께 제주행 비행기에 올랐다.

권일용 팀이 서귀포경찰서에서 가장 먼저 한 일은 1차 수사자료 검토였다. 당시 권일용은 이미 7년 차 프로파일러였다. 수사자료를 넘기던 권일용의 뇌리에 '일이 복잡해지겠다'는 생각이 곧바로 떠올랐다.

우선 용의자에 포함됐던 학원 버스 운전기사를 배제했다. 물론 그때까지 권일용이 학습한 국내외 아동 성폭행범들 가운데는 의도적으로 아동이 많은 환경에 취업하는 경우가 다수긴 했지만, 학원 버스 기사는 원장의 남편이었다. 아이들을 노리고 의도적으로 취업했다고 보기는 어려웠다.

현장 수사팀이 의심하던 바도 범죄심리를 아는 권일용에게는 이해가 가는 일이었다.

"학원 버스 운전기사의 거짓말탐지기 조사 결과 판단 불능이 나왔는데, 이것도 이해할 수 있어요. 늘 같은 곳에 학원생들을 내려주잖아요? 그날 거기 그 시간에 원생을 내려준 걸 딱 짚어 기억하는 게 더 이상한 거죠."

몸에 익어 익숙한 행위는 뇌가 기억하지 않는다. 제주에서 권일용과 범죄행동분석팀은 서귀포경찰서 과학수사계 소속 경찰관 한 명을 제외하고는 일선 형사 누구도 만나지 않았다. 선입견을 갖지 않으려는 목적이었다. 권일용과 범죄행동분석팀은 사흘 동안 주민 탐문 결과, 참고인 진술, 마을 현장 사진 등이 담긴 1차 자료만 묵묵히 살폈다. 그리고 학원, 지승이 집, 버스의 동선 등 현장을 탐문했다.

마을을 돌아본 권일용은 그날 밤 '범인은 인근 지역에 있다'는 판단을 내렸다. 실종 사건이 벌어진 곳 주변에 마트, 초등학교, 피아노 학원이 도로를 사이에 두고 위치해 있었다. 권일용은 아동성범죄자 상당수가 미리 성범죄를 저지를 의도를 가지고 아이들이 많이 다니는 장소를 물색한다는 범죄심리학적 지식을 떠올렸다.

"실종 장소에 가보니 성범죄자가 아이를 물색할 만한 곳이 아니었어요. 개방돼 있는 골목이었어요. 애들도 다니고요." 1차 수사 자료에는 버스에서 내린 지승이가 강아지와 노는 모습을 봤다는 목격자 진술이 존재했다. 권일용은 지승이가 귀가 중에 누군가와 조우했을 가능성이 있다고 보았다. 지승이 부모의 직업과 가족 상황 자료를 검토한 뒤 이런 판단에 더 자신감이 생겼다. 모든 가능성을 놓고 모두를 의심해야 하는 것이 프로파일러라는 직업의 숙명이다. 프로파일러는 '직업적 의심가'가 되어야 했다. "아동 실종 신고를 처리하는 데 가장 어려운 점은 그것이 진짜 유괴인지, 아니면 가출, 미아 발생, 자녀 유기, 혹은 가족 문제를 은폐하기 위한 거짓 신고인지 판단하는 작업이다." 권일용은 프로파일링 교과서 속의 구절을 떠올렸다. 보험금 또는 금전 문제 등은 발견되지 않았다. 권일용은 더욱 더 아동성범죄 가능성에 무게를 뒀다. 판단을 한 뒤에는, 해법을 찾아야 한다. '유괴범이 아직 근처에 있다면, 그의 심리를 뒤흔들 방법은 무엇인가.' 3일간 밤새워 브리핑 자료를 만들던 권일용은 계속 범인을 상상했다. 그가, 아직, 근처에 있다. 권일용은 머릿속에서 전략을 굳혔다.

서귀포시에 내려간 지 사흘째, 권일용은 수사팀을 소집해달라고 경찰서장에게 요청했다. 권일용의 요청으로 서귀포경찰서에 다시 형사들이 모였다. 정남규 사건으로 프로파일링의 힘은 인정은 받고 있었으나, 아직도 일선에서는 낯선 수사 기법이었다. 수사에서 잔뼈가 굵다고 생각해온 형사들은 팔짱을 끼고 '본청'에서 내려온 프로파일러의 브리핑을 들었다. '얼마나 잘났기에 본청에서 내려와 우리한테는 묻지도 않고 수사 기록만 본 건가.' 권일용은 이들의 표정에서 이런 경계심을 읽었다.

"이놈의 심리를 자극해 불안하게 만들어서 아이의 시체를 들고 나오게 하는 게 저의 전략입니다. 여러분이 다시 지역 내에 들어가 반상회 등에서 '범인이 지역에 있다'고 말을 흘려주십시오." 권일용의 심리전 전략은 '주민을 움직이라'는 것이었다. 주민의 마음을 동요시키면, 그 동요가 익명의 동굴에 숨어 있는 범인에게 가닿을 것이었다. 심리적 동요는 도미노처럼 범인의 마음을 흔들 것이고, 그러면 그는 아마도 '이상한' 행동을 하게 될 것이다.

그러나 언론의 힘은 빌리지 않기로 했다. 존 더글러스는 종종 연쇄살인범을 잡기 위해 매스미디어를 활용했지만, 앞서도 말했듯이 이는 양날의 검이다. 유영철, 정남규 사건을 경험한 권일용은 이를 잘 알았다. 대대적인 언론 보도 때문에 연쇄살인범들은 MO를 변경했다. 변경된 MO의 연쇄성을 다시 잇는 작업은 매우 어려웠다.

권일용은 여전히 고개를 갸웃거리는 형사들을 설득하는 데 한층 힘을 쏟았다. 권일용의 오랜 단짝 유완석은 "라포는 프로파일러와 현장 수사팀 사이에도 형성되어야 한다"는 표현을 쓴 적이 있다. '라포rapport'란 상담이나 교육을 위한 전제로서 신뢰와 친근감으로 이루어진 인간관계를 의미한다. 유완석은 생경한 프로파일링 기법을 현장 경찰들에게 설득하는 권일용의 힘을 이렇게 표현한 것이다.

경찰은 거대한 공무원 조직이다. 순경 공채, 경찰대, 간부 후보 등 출신별로 보이지 않는 경쟁과 질시가 존재했다. 승진 과정에서도 차이가 났다. 그 감정적 거리감을 넘어 프로파일링의 힘을 알려야 했다. 권일용은 경계와 질시의 대상인 본청의 프로파일러들이 현장 수사팀에 계몽적 태도를 보이는 것은 잘못이라고 생각했다. 권일용 자신도 형사 출신이었다.

권일용은 차근차근 형사들을 설득했다. "제가 그동안 여러분을 만나지 않은 이유가 있습니다. 여러분은 한 달간 이 사건 수사를 하면서 각자 마음속에 용의자 한 명씩을 갖고 있을 것입니다. 제가 그 이야기를 다 들으면 앵커링이 되어 프로파일링을 할 수 없습니다." '앵커링anchoring'이란 무의식적으로 처음 주어진 조건에서 크게 벗어나지 못하고 이를 기준으로 삼는 행태를 의미한다. 권일용은 이어 아동성범죄의 특성과 함께 자신이 이 사건을 아동성범죄로 결론 내리게 된 판단 과정까지 설명했다.

"우선순위는 혼자 사는 사람입니다. 혼자 사는 사람들을 대상으로 다시 면접을 진행하십시오. 범행 장소를 중심으로 뭔가 일이 벌어질 텐데 구체적으로 그 일이 뭔지는 저도 모릅니다. 다만 그 '무슨 일'이 벌어지면 그게 범인과 관련 있는 일일 것입니다. 저한테 즉시 알려주세요."

권일용이 브리핑을 마친 뒤 형사들은 재조사를 하러 경찰서를 나갔다.

서귀포에 있던 나흘간은 날씨가 따뜻했다. 벚꽃이 폈다. 권일용은 양복 차림으로 햇빛이 반짝이는 서귀포 바닷가에 앉았다. "햇살 좋은 4월달에 잔잔한 물결이 일면서 막 반짝반짝하는데, 갑자기 물에 풍덩 빠져 죽고 싶은 충동이 느껴지더라고요." 아름다운 바다를 보면서도 권일용은 우울해했다.

2007년 한국에서 일어난 범죄는 적지 않았다. 검찰은 이해 674명을 살인 혐의로 기소했다. 방화 혐의로 기소된 사람이 402명이었으며, 강간 혐의 피고인은 4,052명이었다. 기소된 사람들은 대부분 유죄판결을 받았다.

브리핑 뒤 권일용은 서울로 돌아왔다. 나흘쯤 지나 그에게 전화 한 통이 걸려왔다. 서귀포경찰서 과학수사팀원이었다.

"형님, 잡았어요!"

"다 필요 없고, 범인 집이 어디냐?"

권일용은 흥분한 수사팀 후배에게 검거 당시 살인범의 위치부터 따져 물었다.

범인의 거주지는 피해자의 집에서 50미터쯤 떨어진 곳에 있는 과수원이었다. 범인이 마을 내에 있을 것이라는 권일용의 범인상 추정이 정확히 들어맞은 것이었다. 이제 범인의 진짜 얼굴을 확인해야 했다.

피해자의 집 주변은 평범한 주택가였다. 초등학교에서 한 블럭 건너편에 지승이 집이 있고, 길 건너편에는 마트가 있었다. 그리고 다른 길 건너편에 감귤밭이 있었다. 시신은 그곳에서 발견되었다.

권일용이 지침을 주고 떠난 뒤 형사들은 2007년 4월, 다시 동네 곳곳을 다니며 "범인이 이 지역에 있다"고 주민들에게 말했다. 그러고는 이미 한 차례 조사했던 주민들을 재조사했다. 당시 서홍동 주민은 1만 명이 채 되지 않았다. 제주에는 "괸당"이라는 말이 있다. 괸당은 '먼 친척'을 의미한다. 누구를 만나든 괸당일 정도로 지역사회가 좁다는 의미로 종종 사용된다. 경찰의 움직임은 금세 지역 전체로 번져나갔다.

5월 24일, 경찰은 지승이의 집 건너편 감귤밭에 있는 컨테이너 가건물을 다시 찾았다. 그곳에 범인이 살고 있었다. 3월 말 처음 조사할 당시 범인은 경찰에게 실종 당일 "자고 있었다"고 답했고 경찰은 그냥 돌아갔다. 경찰은 다시 만난 범인에게 "내일 서귀포 경찰서로 와서 거짓말탐지기 조사를 받으라"고 말했다.

범인은 숨겨둔 시체가 발견될까 봐 불안했다. 형사가 두 번째로 다녀간 날 밤, 범인은 새벽에 일어나 삽으로 마당을 팠다. 폐가전제품 더미에 숨겨둔 시체를 옮겨 묻으려는 것이었다. 의외로 땅이 단단해 깊게 파기 어려웠다. 초조했다. 땅 파는 모습을 누가 볼까 싶어 두려웠다. 범인은 땅을 파다 말고 도로 흙을 덮었다.

다음 날 거짓말탐지기 조사를 위해 컨테이너를 다시 찾은 형사는 무언가 달라졌음을 눈치챘다. 전날 멀쩡했던 마당에 땅을 판 흔적이 있었다. 범인은 공사장 일을 하러 나가고 없었다. "뭔가 일이 벌어질 텐데 구체적으로 그 일이 뭔지는 저도 모릅니다. 다만 그 무슨 일이 벌어지면 그게 범인과 관련 있는 일일 것입니다." 형사는 권일용의 말을 떠올렸다.

땅을 판 흔적이 있는 위치를 형사가 파보았지만 시체는 나오지 않았다. 형사는 수색견을 투입해 마당과 집 안팎 곳곳을 수색했다. 폐가전제품 더미 근처에서 수색견이 짖어댔다. 급히 쓰레기 더미를 들어냈다. 시체가 발견됐다. 외출하고 돌아온 40대 후반의 성유철(가명)은 그를 기다리던 경찰에 체포됐다.

경찰 조사 끝에 성유철의 실체가 드러났다. 3월 17일 오후 5시 경, 성유철은 학원 버스에서 내리는 지승이를 보았다. 그는 당시 사기죄 등으로 열두 차례 실형을 받은 적이 있었다. 이 중에는 미성년자 약취미수죄로 징역 2년 형을 선고받은 전력도 포함돼 있다. 성유철은 아동 심리의 약한 고리를 이용했다.

"너 글 쓸 줄 아니? 나는 못 쓰는데, 우리 집에 가서 글 좀 써줄래?" 성유철이 지승이에게 건넨 첫마디였다. 오후 6시 지승이를 집으로 데려와 함께 텔레비전을 보았다. 그 뒤 성폭행을 했다. 오후 7시 성유철은 지승이에게 수면제 다섯 알을 먹이고 살해했다. 시체를 마대 자루에 넣어 집 근처 폐가전제품 더미에 숨겼다. 성유철은 주민과 경찰들이 마을을 수색하는 것을 40여 일간 모두 지켜보았다.

근처에 성유철의 동생이 살고 있었다. 성유철은 범행 뒤 동생에게 이사를 가겠다고 말했다. 경찰 조사에서 성유철은 이삿짐을 실을 때 시체를 같이 싣고 가서 버리려고 기회만 엿보고 있었다는 사실이 드러났다.

간발의 차였다. 권일용과 범죄행동분석팀이 그의 마음을 흔들어놓지 않았다면 그는 무사히 이사를 갔을 것이고, 양지승 실종 사건은 미제 사건이 되었을 것이다.

권일용은 2007년 5월 중순 다시 제주로 내려왔다. 성유철은 5월 18일에 기소됐다. 그가 기소되기 직전 태풍이 불던 어느 날, 권일용은 성유철과 마주 앉았다. 서귀포경찰서 건물 창밖에선 비가 내리고 바람이 몰아치고 있었다.

　권일용은 준비한 첫마디를 꺼냈다. 범인의 성격을 탐색하기 위해 처음에 자주 던지곤 하는 질문이었다. "지금 무슨 일로 여기 구속되었는지 아는가?" 언뜻 단순해 보이는 이 질문에 대한 답변이 범인들 간의 성격 차이를 드러냈다.

　권일용이 이 질문을 던질 때 돌아오는 범인의 답변 유형은, 세 가지로 나뉘었다. 자신의 법률상 죄명을 말하는 범인, 자기 범행을 설명하는 범인, 자기 범죄를 합리화하는 말을 하는 범인. 성유철은 세 번째 유형이었다. 성유철은 테드 번디 같은 연쇄살인범이 아니었다. 범죄심리학 교과서에 나오는 전형적인 '루저' 유형의 아동성 범죄자였다.

　면담에는 그리 오랜 시간이 걸리지 않았다. 성유철은 권일용에게 "나는 여기(성기)도 잘 안 선다"고 말했다. 권일용은 2001년에 분석했던 지연이 사건을 떠올렸다. 피해자는 당시 네 살이었다. 조현길은 '지질한 남자'였고, 비슷한 나이대의 일반 여성과 교감하고 교제할 능력이 없었다.

　지연이 사건 당시의 초보 프로파일러는 6년 새 정남규 사건을 해결할 만큼 성장해 있었다. 권일용은 아동성범죄자에 대한 국내외 연구를 숙지하고 있었다. 아동성범죄자 상당수가 신체장애를 지녔다. 신체장애는 열등감을 가져왔다.

　그러나 그들에게도 성욕과 성적 환상은 존재했다. 그들은 아이들을 상대로 자기들의 성적 환상을 실현했다. 그들은 아동을 물색하러 멀리 다니지 않았다.

아동성범죄자는 자존감 없는 남자들로부터 나오는 경우가 많다. 성인 여성에게 거절당한 경험이 있는 아동성범죄자는 아이를 상대로 자존감을 회복한다. 이들은 거절당하는 것을 몹시 두려워한다.

그러나 아이들은 거절하지 않는다. 아이들을 상대로 훼손된 자존감을 회복하고자 하는 이상심리. 그것이 아동성범죄의 심리 메커니즘이다. 이들은 아동 포르노에서 자위 기구로, 자위 기구에서 현실의 납치로 한 걸음씩 나아가며 환상을 증폭시킨다.

"아동성범죄자는 격리해야 합니다. 이들 범죄자들은 회피적 성향, 만성적으로 실패한 경험, 이런 것들로 만들어진 개인의 성향에서 범죄를 저질러요. 개인의 성격과 성향은 쉽게 바뀌지 않습니다. 아동성범죄는 대부분 살인으로 이어집니다. 아동을 상대로 성범죄를 저지르고 나서 그냥 보내는 경우는 거의 없습니다. 그러므로 아동성범죄자에 대한 교정은 그냥 가두어두는 일반적인 교정이 아니라, 아동성범죄에 맞는 교정 프로그램을 개발해서 이루어져야 합니다."

40대 후반의 성유철도 마찬가지였다. 성유철은 스무 살 무렵 공사장 일을 하다 허리를 다친 이후로 발기부전을 겪고 있었다. 그에게는 이미 2년 전에 미성년자를 약취한 전과가 있었다. 그는 우리에서 풀려난 짐승이었다. 권일용은 조현길 사건 이후 6년간 쌓아온 지식과 경험으로 성유철을 잡아냈다.

"프로파일링은 기존에 갖고 있던 데이터와 특성을 가지고 수사관들한테 확신을 주는 작업입니다. 당시 서귀포 형사들에게는 두 가지 한계가 있었어요. 첫째, 아동성범죄 살인 같은 사건을 안 다뤄봤죠. 둘째, 아동성범죄자가 가진 특성을 몰라 탐문할 때 뭘 물어봐야 되는지 모르는 거죠. 뭐가 문제인지를 포착하지 못하는 겁니다. 제가 전국의 연쇄 범죄 담당 수사본부에 가서 본 게 뭐냐면, 뒤늦게 알고 보니 형사들이 범인을 이미 만난 경우가 많았어요. 범인과 마주친다 해도 뭘 물어야 할지 모르면 딱히 물어볼 게 없는 거예요. 그럼 놓치는 거죠."

권일용은 지역의 형사들과 잘 어울렸다. 심리학 석사 학위 소지자들은 좀체 잘하기 어려운 일이었다. 서민 집안의 아들, 공사장 아르바이트로 어머니 약값을 드리고 군대를 갔던 남자, 먹고살기 위해 경찰 시험을 쳤던 청년, 시장에서 칼을 들고 싸우는 잡부들과 부대끼던 전직 형사기동대 출신의 프로파일러는 현장 경찰들의 심리를 잘 알고 있었다. 권일용은 프로파일링 결과를 계몽적으로 통보하기보다 데이터와 기존 사례를 근거로 설명하고 설득했다.

성유철도 마음 사냥꾼이었다. 아이의 착한 심리를 이용했다. 아이들은 '착한 아이가 되라'는 도덕 교육을 받는다. 도와달라는 남의 요청에 응하는 것이 옳다고 배운다. 아동 유괴범들은 이런 아동의 심리를 이용한다.

"연구 결과를 보니 아이들이 가장 많이 유인되는 게 구호 요청이에요. 아동성범죄자들이 구호 요청을 하면 아이들이 잘 따라온다는 것을 알고 자주 수법으로 쓰죠. 그래서 저는 아이들에게 '내가 이 아저씨랑 뭘 하고 있다'는 걸 주변 사람들한테 알리는 법을 가르쳐야 한다고 생각합니다."

2007년 제주의 봄은 따뜻했다. 7년 차 프로파일러는 1년 차 때 경험한 아동성범죄를 토대로 성공적으로 범인을 잡아냈다. 그런데 공허했다. "목수가 나무를 가다듬고 석수가 돌을 쪼듯이, 수사관은 범죄를 목석처럼 다룰 줄 알아야 한다"는 말을 권일용도 잘 알고 있었다. 그렇게 되려고 노력했고, 또 잘했다. 그러나 범죄 피해자들이 겪을 트라우마를 생각하는 일은 힘겨웠다.

권일용은 양지승 사건을 절대 잊을 수 없는 이유로, 피해자들의 상처를 꼽았다. 사람들은 지승이 부모의 공황 상태를 잘 이해하지 못했다. 공황 상태는 내가 무슨 행동을 하는지 스스로도 모르는 상태다. 마치 신경이 마비된 것처럼, 지성과 감성이 마비된 상태. 공황 상태에선 눈물을 흘리지도 못한다. 이웃 주민이나 수사관은 이런 공황 상태를 오해해 때로 범죄 피해자인 가족을 의심한다. 그 의심이 피해자들에게는 또 상처가 됐다.

2007년 5월 성유철이 잡힌 뒤 면담 때문에 다시 제주에 갔을 때는 이틀 내내 비가 내렸다. 바람도 불었다. 그때 서귀포 앞바다는 검은색이었다. 표정을 바꾼 제주 바다는 마치 사나운 남자 같았다.

서울로 돌아온 권일용은 병원에서 일하는 남동생에게 전화했다. "병원에 독실 있냐?" 아픈 건 아니었다. 그냥 사람이 싫었다. 사람과 단절하고 싶었다.

"그렇게 3일 동안 누워 있었어요. 수액 주사 맞고요. 미치도록 사람이 싫은 거예요. 그러다 보면 하느님이 그리워집니다. 그때 나오면 돼요. 그러고 나서 다시 사람이 사는 곳으로 나오죠. 동굴에서 기어 나오듯이 나와서, 다시 사는 거야."

악의 마음을 읽는 자들

권일용은 다시 살아 나와서, 살해할 때 살아 있음을 느끼는 냉혈한들을 추적했다. 그것이 권일용과 범죄행동분석팀의 삶이었다.

성유철은 그해 9월 무기징역형을 선고받았다.

6

작화의 심리

허위 자백은 예외적인 이상심리의 소산이 아니며, 누구라도 예
상외로 쉽게 빠져들 수 있는 자연적 심리의 결과다.

하마다 스미오浜田壽美男[*]

[*] 일본의 범죄심리학자. 허위 자백 연구의 권위자다.

농촌은 낭만적인 이상향이 아니다. 그곳에서도 범죄가 벌어진다. 2007년 5월 30일 밤 9시, 중학교 1학년인 고정민(가명) 양이 사라졌다. 정민이는 4녀 1남 중 셋째였다. 가족은 실종 신고를 했다. 6월 내내 충남 보령시 홍성군의 농촌 마을은 모여든 경찰들로 북적거렸다. 포도밭이 있는 작은 마을이었다.

보령경찰서는 모든 수사력을 투입했다. 마을 주민들을 빠짐없이 조사했고 마을 곳곳을 수색했다. 6월 어느 날, 권일용은 충남지방경찰청에서 분석 요청 의뢰를 받았다. 보통 권일용이 분석을 의뢰받는 사건들과는 달랐다. 현장 경찰이 추정하는 피의자는 정민이의 가족이었다.

경찰은 정민이의 세 자매와 막내 남동생을 조사했다. 이 과정에서 초등학생인 막내에게서 평소 정민이와 둘째 언니의 사이가 좋지 않았다는 진술을 얻었다. 이어서 경찰은 넷째 딸과 막내 남동생으로부터 "둘째 언니와 셋째 언니가 싸우다 셋째 언니가 죽었

다"는 진술을 얻어냈다. 쾅 소리가 들렸다고도 했다. 또, 아이들은
어머니가 사체를 버렸다는 취지의 진술도 했다.

경찰은 진술이 자발적 의사에 따른 것임을 입증하기 위해 막
내 남동생과 넷째 딸의 진술 영상을 녹화했다. 폭력이나 폭언에 의
해 강요된 진술이 아니라 '임의성'이 있는 진술임을 증빙하려는 자
신감의 표현이었다. 임의성이란 피의자의 진술이 본인의 자유의
사에 따른 것임을 의미하는 법률 용어다.

피의자 진술을 영상 녹화하는 것은 노무현 정부 때인 2007년
형사소송법 개정과 함께 도입됐다. 과거 경찰이나 검찰에 고문이나
가혹 행위가 존재했던 사실이 영향을 주었다. 녹화 전에는 피의자
에게 미리 그 사실을 고지했다. 여기에는 수사 절차를 투명화하겠
다는 경찰의 의지도 한몫했다. 즉, 자신들의 수사 과정이 투명했고
폭언이나 폭력이 없었음을 입증하겠다는 자신감의 표현이었다.

경찰은 정민이의 둘째 언니와 어머니를 추궁했다. 어머니를
경찰서로 데려가 조사했다. 어머니는 끝까지 혐의를 부인했다. 그
러나 당시 고등학생이었던 둘째 언니는 결국 혐의를 인정하는 자
술서를 썼다. 문제는 둘째 언니의 행동이었다. 시체가 있는 곳으로
가자는 경찰의 요청에 경찰차에 오르고 나면 돌연 혐의를 부인했
다. 경찰은 차를 돌렸다. 경찰서에 돌아온 둘째 언니는 다시 혐의
를 인정하는 진술을 했다. 그러다 다시 차에 오르면 혐의를 부인했
다. 경찰은 또 차를 되돌렸다. 진술을 하고, 차를 타고, 진술을 번복
하고, 울고, 다시 예전 진술을 하는 일이 반복됐다. 수사팀은 둘째
언니의 심리를 이해할 수 없었다. 그들은 결국 경찰청의 권일용에

게 도움을 요청하는 전화를 걸었다.

현장 수사팀은 권일용에게 "임의성도 확보했다. 초등학교 애들을 형사들이 강압적으로 수사했겠나. 그런데 자백을 해놓고 시체만 찾으러 갈라치면 둘째가 번복을 한다"고 설명했다. 수사팀은 권일용에게 둘째의 심리를 분석하고 나아가 자백을 다시 받는 것을 도와달라고 했다. 백승경이 함께 가기로 했다. 이제 막 채용된 공채 2기 프로파일러 최규환도 함께했다.

6월 홍성의 작은 농촌 마을로 내려간 권일용과 백승경, 최규환이 처음으로 한 일은 1차 수사 자료 검토였다. 프로파일러는 자기 자신의 심리와도 싸운다. 앵커링을 피하기 위해 누군가를 만나기 전에 1차 자료를 먼저 살펴봤다. 분석을 배제하고 우선 팩트에 집중했다. 어머니가 시체를 유기했다면, 어머니의 행적이 그 혐의를 뒷받침해야 했다.

범죄행동분석팀은 먼저 정민이의 집 근처 폐회로텔레비전의 기록을 분초 단위로 끊어서 검토했다. 어머니가 들어오고 나가는 시점을 분초 단위로 계산했다. 한편 권일용과 범죄행동분석팀은 영상과 함께 사무실 한편에 붙여놓은 마을 지도를 보며, 가상의 동선이 현실의 시공간과 들어맞는지를 따져보았다. 그리고 그 동선이 그동안 학습한 범죄 심리의 상식과 부합하는지도 한 번 더 체크했다.

프로파일링의 본질은 다른 과학수사와 유기적으로 결합된 수사 기법이다. 범죄 현장의 법과학 근거도 매우 중요했다. 이 사건의 경우 수사팀이 확보한 진술과 법과학적 증거가 일치하지 않았다. 정민이가 싸우다 머리를 부딪혀 숨졌다는 장소에서 디엔에이를 아무리 채취해도 흔적이 나오지 않았다. "진술밖에 없는데, 그 진술이 너무 완벽한 거예요. 모순이었습니다."

권일용은 백승경에게 막내 남동생과 넷째 딸을 만나고 오라고 지시했다. 핵심 진술을 한 초등학교 저학년 학생들이다. 권일용 자신은 일부러 가지 않았다. 중년 남성인 자신을 대할 때와 젊은 여성을 대할 때의 아이의 태도가 다를 거라고 생각했다. "수사팀이 그전에 받은 진술, 불안한데요?" 돌아온 백승경이 보고했다.

마을에 내려온 지 나흘쯤 되었을 때, 범죄행동분석팀은 형사들을 소집해달라고 요청했다. 수십 명의 형사들 앞에 권일용이 섰다. 팔짱을 낀 형사들의 표정에는 '이미 범인을 잡았다'는 자신감이 엿보였다. 권일용은 일어서서 주위를 둘러본 뒤 입을 열었다. 프로파일링 결과를 브리핑하기 시작했다.

"아이들 진술은 허위 자백 같습니다." 권일용이 입을 열자마자 브리핑룸이 웅성거리기 시작했다. 수사팀은 이미 검찰에 피의자 신병을 확보했다고 보고한 상태였다. 지방경찰청 간부들도 있는 자리였다. 권일용의 프로파일링은 그때까지의 수사 결과를 뒤집는 발언이었다.

권일용은 이런 반발심까지도 예상하고 있었다. 1년 차 프로파일러였다면 이런 현장의 반발 심리에 짓눌렸을 것이다. 당시에는 프로파일링이 사실과 다를 경우 책임을 져야 한다는 중압감이 매우 컸다. 스스로의 실력에 대한 자신감도 모자랐었다. 그러나 2007년 6월의 권일용은 달랐다. 정남규 검거 당시 현장 수사팀에 브리핑을 해본 경험이 있었다. 수년간 현장의 거부감을 접하고 설득한 경험

악의 마음을 읽는 자들

이 쌓여 있었다.

　수사팀은 반발했다. "겨우 이틀 분석해놓고 무슨 말입니까? 우리가 애들 상대로 강압수사를 했단 말입니까!" 당시에는 민주주의와 인권이 시대정신이었다. 이 시기에 1970~1980년대 수사기관이 자행한 고문이 정부 조사나 재판 결과 사실인 것으로 드러났다. 과거 민주화 운동가나 정치범과 관련한 고문 수사가 실제로 있었음이 밝혀진 것이다. 그래서 2007년경의 경찰은 강압수사 논란에 매우 민감했다.

　"강압수사를 했다고 한 적 없어요. 다만 아이들이 허위 자백을 한 것입니다. 일단 아이들에게 우리 경찰을 속이고자 하는 목적은 없는 것으로 보입니다. 작화 같습니다. 스토리를 이 아이가 만드는 것 같습니다." 권일용이 설명을 이어갔지만, 수사팀은 쉽게 이해할 수 없었다. 강압은 '강한 힘이나 권력으로 강제로 억누름'이라고 정의된다. 과거에 강압은 곧 욕설과 구타였다. 1987년 민주주의가 회복된 이후 20년이 지난 시기인 당시에는 더 이상 욕이나 구타 같은 행위가 함부로 일어나지 않았다. 그러나 '강제'와 '압박'은 더 섬세하게 이해되어야 했다.

　권일용이 판단한 문제의 핵심은 '작화'였다. '이야기(話)를 지어낸다(作)'는 뜻의 심리학 용어인 작화는, 환자가 실제의 체험과는 다른 것을 자기가 진짜 체험했다고 착각해서 말하는 행위를 가리킨다. 추억의 착오, 혹은 비틀린 추억이다. 그러나 환자는 이를 자각하지 못한다. 속일 목적이 없다는 점에서 거짓말과 구별된다. 가령 입원해 있는 경우 실제로는 문병을 오지 않은 사람이 왔다고 착각하거나, 자신이 죽 병실에 있었으면서 사람들에게 "그저께 파리에서 돌아왔다"고 말하는 경우다. 작화 현상은 주로 치매 환자나 뇌 부상을 당한 환자에게서 나타난다. 그러나 심리학 훈련을 받지 못한 현장 수사팀은 작화의 심리를 이해하지 못했다.

권일용은 불만 가득한 표정의 수사팀에게 설명을 이어갔다. "이건 경찰이 아이들에게 답을 알려주고 조사를 한 겁니다. 초등학교 1학년짜리가 왜 그런 진술을 했겠어요. 수사관이 암시성 있는 질문을 하면 어린아이들은 심리적으로 수사관의 의도에 따라 답을 하려 합니다. 자기 의도로 말하지 않아요. 일주일 동안 형사가 와서 '셋째 누나가 둘째 누나랑 싸운 적 없느냐'는 취지의 질문들을 계속하면, 어린아이들은 거기에 맞는 답을, 스토리를 만들어서 '작화'를 합니다."

권일용은 넷째 딸도 막내 남동생의 작화에 영향을 받았다고 분석했다. 형사들은 분명 아이들에게 웃으면서 말했을 것이다. 그러나 어른들이 초등학교 저학년인 넷째 딸에게 "막내 남동생이 다 얘기했다"고 말하자 넷째 딸도 자백하게 됐을 거라고 권일용은 추정했다. "전부 어른들이고 경찰이고 형사들인데, 아무리 좋은 표정으로 웃으면서 이야기해도 아이들이 느끼는 압도적인 분위기가 있었을 겁니다."

주관과 학습력을 갖춘 고등학생인 둘째 딸이 자백을 번복하는 이유에 대해 누군가 물었다. 권일용은 "전형적인 허위 자백의 심리"라고 설명했다. 권일용의 책상에는 일본의 범죄심리학자 하마다 스미오 교수가 쓴 논문의 번역본이 있었다. 권일용은 둘째 딸과 관련된 수사 자료를 보며 그전에 여러 번 읽었던 이 논문의 한 구절을 떠올렸다.

"수사를 받는 피의자의 상황은 가령 고문과 같이 외형적으로 가혹한 상황은 아니더라도, 일반적으로 생각하고 있는 이상으로 훨씬 혹독하다. 또한 허위 자백에 있어서 피의자의 관점에 서지 않으면 파악할 수 없는 인식의 허점도 있다. 그와 같은 것을 근거로 해서 실은 허위 자백은 예외적인 이상심리의 소산이 아니며, 누구라도 예상외로 쉽게 빠져들 수 있는 자연적 심리의 결과인 것이다. 그러나 실제로는 일반 사람들만이 아니라 형사재판의 실무자들에게도 허위 자백의 위험이 충분히 이해된 것 같지는 않다."

권일용도 이 〈자백의 연구─취조해야 할 사람과 취조를 받아야 할 사람의 심적 구도自白の研究─取調べる者と取調べられる者の心的構図〉* 논문을 읽어두지 않았다면 둘째 딸의 심리를 포착하지 못했을 것이다. 하마다 교수는 허위 자백의 심리 메커니즘을 두 단계로 나누어 분석했다. 첫째, 실제 범행을 저지르지 않은 사람이 거짓 자백에 이르는 과정. 둘째, 거짓 자백 후 범행의 줄거리를 지어내는 국면.

하마다 교수는 첫 번째 단계를 "부인에서 자백으로의 전락"이라 지칭했다. 수사관의 압박 자체는 잘못이 아니다. 예를 들어 강호순 같은 피의자는 죄책감이 결여된 동물이었다. 그는 디엔에이 증거를 들이밀기 전까지 범행을 자백하지 않았다. 수사관은 진범과 끊임없는 기 싸움과 심리전을 벌여야 한다. 이 과정에서 수사

---

* 浜田寿美男,《認知心理学研究》2007年 4巻 2号, pp.133~139.

압력은 수사의 필수 불가결한 요소다. 문제는 이 수사 압력이 무고한 사람을 향할 때다. "먼저 지적해둘 것은 진범을 자백시키는 수사 압력이 무고한 사람을 자백시키는 압력으로도 작용한다는 단순한 사실"이라고 하마다 교수는 주장했다.

논문이 쓰일 당시 일본 사회에는 고문 수사가 없었다. 그러나 한국처럼 자백을 중시하는 풍조가 여전히 남아 있었다. 하마다 교수는 부인에서 자백으로 전락하는 심리적 요인으로 다음과 같은 것들을 꼽았다. 일상에서 차단되어 심리적 안정감을 잃음. 주위에 도는 소문과 그로 인한 죄책감. 자신의 변명이 의심받는 데서 오는 무력감. 자신의 장래가 수사관에게 달려 있다는 사실에서 오는, 수사관에게 영합적으로 행동하려는 심리. 하마다 교수는 "피의자가 받게 되는 압력은 육체적 고문과 같은 수준에 달한다고 말하지 않을 수 없다"고 주장했다.

이 무력감에 빠진 사람은 결국 형벌에 대한 현실감을 상실한다. 설마 자신이 체포되리라고는 생각지 않는다. 그런데 자신이 실제로 체포되어 엄한 수사를 받는 것 그 자체가 무고한 피의자에게는 생각지도 못한 비현실적인 이야기다. 특히, 고통스럽게 언급되는 죄를 그대로 인정해도 그것이 실제의 형벌로 연결된다는 현실감을 갖고 있지 않다.

권일용은 이 논문 내용을 정확히 기억하고 있었다. 권일용은 압박감을 알고 있었다. 종류는 다르지만, 권일용도 매일 압박감을 이겨내야 했다. 지금과 같은 상황 자체가 권일용에게는 압박이었다. 20여 일간 부지런히 뛴 형사들의 수사 결과를 뒤집는 프로파일링 결과를 말하는 것은 쉽지 않은 일이다. 그것은 '인정 투쟁'이다. 경찰청이 사상 처음으로 범죄행동분석팀을 신설한 것이 2006년 11월경이다. 1기 프로파일러 공채 합격자들이 경찰학교를 졸업한 지 겨우 1년이 되었을 때였다. 권일용이 형사들 앞에서 하는 브리핑은 자신과 후배들의 직장 생활을 좌우할 인정 투쟁이었다. 프로파일링이 실제 수사 결과와 어긋나버리면, 도덕적 비난이 따라올 것이었다. "그러게 왜 미국 흉내를 내서 프로파일링팀 같은 걸 만들었느냐"는 비아냥거림이 술자리에서 나올 터였다. 권일용의 브리핑은 무대 위에서 벌이는 투쟁이었다.

그러나 권일용이 후배들에게 자신의 중압감을 다 털어놓는 일은 결코 없었다. 그건 무능한 리더가 하는 행위였다. 묵묵히 무게를 지고 가는 것이 책임자다. 그것이 권일용의 스타일이었다. 권일용은 작화에 초점을 맞춰 형사들에게 설명을 이어갔다. 권일용이 형사들에게 강조한 것은 다음과 같다.

첫째, 이번 경우 수사의 압박은 과거 경찰이 행한 강압수사 같은 형태의 압박이 아니다. 수사 과정에서 아이들이 만난 경찰과 선생님 모두 어른이라는 점에서 압박감이 생긴다.

둘째, 동생들이 자백을 했을 때 둘째 딸이 아니라고 부인할 수 없는 압박감이 있다. 심리적인 압박은 물리적으로 제재하는 압박이 아니라, 당사자가 느끼는 압박이다.

셋째, 경찰의 암시성 있는 질문 때문에 아이들이 허위 자백을 한 것이다. 어머니가 체포된 것도 아이들에게 영향을 주었다.

넷째, 암시성 있는 질문이 작화를 가져오는 것은 아동뿐만 아니라 노인의 경우에도 유사하다.

자백과 부인을 무한 반복하는 고등학생 둘째 딸의 심리를 권일용은 이렇게 분석했다. 단순히 피의자 신문 과정을 녹화하는 것만으로 허위 자백 문제가 100퍼센트 해결되지는 않는다. 아무리 경찰이 절차와 규정을 준수한다 하더라도 허위 자백의 가능성은 존재한다. 경찰과 연구자들이 수사에 있어서의 압박에 대한 연구나 평가, 분석을 하지 않으면 얼마든지 억울한 사람이 만들어질 수 있다. 따라서 아동이나 노인으로부터 중요한 진술을 받을 때는 전문가가 반드시 투입되어야 된다. 권일용은 하마다 교수의 논문으로 읽었던 허위 자백의 심리 구조를 정민이 사건을 통해 현실에서 확인한 것이다.

권일용은 이와 같은 내용의 분석 보고서를 제출했다. 브리핑이 끝나고 담배를 피우는 권일용에게 수사팀 형사 한 명이 다가와 불만 섞인 목소리로 다시 반론을 제기했다. 권일용은 속으로 '너 이러다 큰코다친다'고 생각했지만 정중하게 답변했다. "최선을 다해서 분석했으니 결과를 봅시다."

프로파일링은 심리학 석사 논문이 아니다. 1기 프로파일러 김윤희는 앞서 프로파일링에 대해 "분석에 그치는 게 아니라 사람한테 대미지를 입힐 수도 있는 작업"이라고 묘사했었다. 프로파일링은 눈앞에서 진행되는 수사에 방향을 부여해주는 작업이다. 현실의 사람에게 영향을 끼치는 공권력의 행사다. 수사팀이 권일용의 분석을 받아들이면, 경찰은 어머니를 기소의견으로 송치할 수 없게 된다. 이는 자신들이 20여 일간 기울인 노력이 잘못이었음을 인정하는 행위가 될 것이다. 반대로, 수사팀이 권일용의 분석을 받아들이지 않고 기소의견으로 송치할 수도 있었다. 다만 이 경우 훗날 피의자가 무죄판결을 받으면, 경찰의 책임은 더욱 커진다. 판단의 공은 수사팀으로 넘어왔다.

회의실에 앉아 있던 보령경찰서 서장이 형사과장과 함께 조용히 권일용의 설명을 듣고는 입을 열었다. "저 분석가의 말을 지지합니다. 제가 책임질 테니 지금까지 수사는 없던 걸로 하고 다시 합시다." 어머니를 기소하지 않겠다는 결단이었다. 경찰은 피의자를 집으로 돌려보냈다. 권일용과 백승경, 최규환은 서울지방경찰청으로 복귀했다. 수사를 원점으로 돌린 보령경찰서는 다시 묵묵히 탐문 수사를 진행했다.

6월 20일 오후, 보령경찰서 수사팀은 깜짝 놀랐다. 죽었다던 정민이가 22일 만에 살아 돌아왔다. 권일용과 범죄행동분석팀의 프로파일링이 사실로 밝혀졌다. 돌아온 정민이를 통해 유괴 사건의 전모가 드러났다. 정민이는 옆 마을에 사는 30대 남성에게 납치된 것이었다. 범행의 실체가 뒤늦게 드러나는 순간이었다.

30대 초반의 납치범은 2007년 5월 30일 밤 9시경, 자전거를 타고 가다 정민이를 보았다. 납치범은 정민이를 협박하여 자전거에 태우고 10킬로미터쯤 떨어진 자신의 집으로 데려갔다. 사람들은 자신이 볼 수 있는 것만 보려 한다. 자전거에 나란히 타고 가는 남녀를 누구도 이상하게 생각하지 않았다. 그래서 제보자나 목격자가 나타나지 않았던 것이다. 납치범은 그 뒤 22일 동안 정민이를 감금했고, 성폭행도 저질렀다. 범인은 중학교 때 뇌 수술을 받았는데, 분노나 공격성을 억제하지 못하는 정신 질환을 앓고 있었다. 2003년에는 아버지와 다투다 상해를 입혀 징역 3년에 집행유예 판결을 받았다.

납치범은 우리에서 풀려난 짐승과 같았다. 6월 20일 오후, 범인은 옆집에 사는 50대 남성 등 세 명을 살해했다. 아버지를 다치게 한 사건과 관련해 평소 자기를 험담하고 다닌다는 이유에서였다. 범행 후 6월 21일 자정쯤 범인은 정민이를 자전거에 태워 집 근처에 내려줬다. 납치범은 며칠간 도피했으나 결국 붙잡혔다. 살아 돌아온 아이는 22일 동안이나 계속된 감금 생활의 충격으로 병원에 입원했다.

경찰 조사와 재판 과정에서 납치범의 실체가 추가로 드러났다. 납치범은 농부인 부모 밑에서 2남 1녀 중 장남으로 태어났다. 집은 가난했고, 가정폭력이 있었다. 초등학교 때 삼촌에게 머리를 맞아 뇌출혈을 일으켰다. 결국 중학교 때 뇌 수술을 받았다. 납치범은 고등학교를 자퇴했다. 군 복무는 마쳤으나 직장 생활을 제대로 하지 못했다. 아버지와 다투다 부상을 입힌 뒤 잠시 부모 집을 떠났다가 2007년 2월에 되돌아왔다. 그러나 끝내 정상적인 가족 관계를 유지하지 못했다. 그러다 납치 사건을 저질렀다.

범인은 준비된 범죄자였다. 2심 판결문을 보면, 범인의 성격은 내성적이고 소극적이었다. 자신감이 결여된 인물로 평소 타인과 대면 접촉을 피해왔다. 그리고 늘 부모에게 애정 결핍을 느꼈다. '자신은 항상 피해자이고 사람들이 자신을 험담하고 이용하려

악의 마음을 읽는 자들

한다'는 망상과 피해 의식에 젖어 있었다. 어려서부터 아버지가 어머니를 때리는 장면을 지켜봤다. "피고인은 불특정 다수의 사람들에 대한 증오심이 잠재되어 있는 상태"였다. 다만 정민이가 자신의 말에 순응하자 정민이에 대해서만은 연민을 느낀 것으로 재판부는 판단했다.

정민이 사건은 심리적인 사건이다. 둘째 언니는 허위 자백의 심리에 빠졌고, 정민이는 '공포에 갇힌 자의 심리'에 시달렸다. 결박이 풀렸어도 도망치지 못했다. 열네 살 중학생을 결박한 것은 끈이 아닌 공포심이었다. 범인은 당시 노모와 함께 살고 있었는데, 집에 어머니 방이 따로 있었다. 결박에서 풀린 정민이가 납치범과 함께 화장실에 가다 노모와 마주쳤다. 노인이 "애는 누구냐"고 묻자 납치범은 "그냥 아는 애인데 좀 있다 집에 보낼 것"이라고 말했다. 정민이는 범인의 집에서 티브이를 보았다. 자신의 실종을 다룬 지역방송국 뉴스가 나왔다. 중키에 머리를 삭발한 납치범은 밤이 되면 정민이를 장롱 안에 감금했다.

권일용은 피해자의 심리를 짚었다. "여기서 중요한 심리가 나옵니다. 언뜻 생각하면 정민 양이 노모를 만났을 때 '살려달라'고 했어야 돼요. 그러나 피해자 심리라고 하는 것은 그렇지 않습니다. 정민 양이 볼 때 납치범은 무섭게 생기고 머리 빡빡 깎고 자기를 위협했던 사람이니, 할머니한테 살려달라고 해봤자 같이 맞아 죽게 생겼는데 누구한테 살려달라고 하겠어요. 포기하는 거죠. 무서워서 포기하는 겁니다."

납치범의 집이 있는 곳은 전형적인 시골 마을이었다. 전화기가 있었다. 창문도 있었다. 옆집도 멀지 않은 곳에 있었다. 그러나 정민이는 살려달라는 호소의 말을 결코 하지 못했다. 아이를 결박한 공포는 정보의 부족에서도 기인했다. 방문이 닫힌 상태에서 납치범이 자신을 보고 있는지, 아니면 다른 짓을 하고 있는지 정민이는 알지 못했다. '신고하는 장면을 들키면 죽게 될 것이다.' 그런 공포만이 남았다. 아무런 정보가 없는 곳에서 정민이는 22일간 갇혀 있었다. 결박이 풀렸어도 열네 살 아이는 공포에 갇혀 도망치지 못했다.

"이 사건에서 중요한 건 피해자의 심리예요. 그다음에 허위 자백의 심리 구조가 중요하고요. 굉장히 심리학적인 사건입니다. 공포의 실체를 알아야 돼요. 성폭행 피해자한테 '확 물어버리고 소리를 지르지, 왜 그걸 못 했어'라고 추궁하는 게 여전히 문젭니다. 그건 불가능한 겁니다."

2007년 7월 초, 납치범이 저지른 살인 사건의 현장검증이 있었다. 납치범은 자신이 살해한 이웃의 가족들에게 소리를 질렀다. "나는 할 일을 했다." 자신만의 망상 체계 속에서 죄책감은 사라진다. 연쇄살인범은 거짓말탐지기 앞에서도 땀을 흘리지 않는다. 그에게 살인은 정당한 행위이기 때문이다.

7월의 보령은 더웠다. 여름에도 늘 권일용은 양복을 입었다. 납치범을 면담하던 날도 그랬다. "왜 정민 양을 납치했지?" 권일용은 납치범과 마주한 테이블에서 첫 번째 질문을 했다. 왜 정민이를 집으로 돌려보냈는지도 물었다. 납치범은 유괴한 뒤 시간이 흐르자 정민이를 말벗으로 여겼다.

납치범은 2007년 12월 대전지법 홍성지원에서 무기징역을 선고받았다. 그러나 죄는 형사판결로 다 해결되지 않는다. 피해자들의 마음의 흉터는 깊다. 2심 판결문에, 사건이 벌어지고 1년 뒤인 2008년 봄의 정민이 가족 심리 상태가 나와 있다.

정민이는 전형적인 성폭행 피해자의 심리적 장애를 겪고 있었다. 그중에는 자기 비난도 있다. 정민이 아버지는 누명을 썼을 당시 매일 술을 마셨다. 지금도 텔레비전에 유괴 사건 뉴스가 나오면 채널을 돌려버린다. 의심을 받았던 정민이 어머니와 허위 자백을 했던 둘째 딸은 경찰에 적개심을 갖고 있다. 둘째 딸은 애초 경찰행정학과에 진학하는 것이 꿈이었으나 이 사건으로 인해 경찰을 싫어하게 됐다.

2심 재판장인 김상준 판사는 판결문에서 가족의 트라우마 문제를 짚었다. "범죄의 발생은 불가항력적인 것이었지만 아무런 잘못도 없이 단란했던 한 가정이 그로 인한 상처에 고통받고 있다면 이를 국가가 방치해서는 안 된다고 생각한다. 본 사건 피해자 가족들에게 적절한 심리 치료와 거주지 이전 등 필요한 조치를 해줄 수 없는 현재 형사사법체계가 안타까울 따름이다."

권일용은 "제복은 피해자와의 약속"이라는 말을 자주 했다. 그 역시 정민이 가족의 트라우마를 걱정했다. "제가 지금 가장 걱정하는 건 정민 양 가족입니다. 언니와 동생들 모두 지금 잘 살고 있을지…. 국가권력이 이 집에 상처를 준 거예요. 책임져야 합니다."

권일용은 이 사건 뒤에《범죄 분류 매뉴얼》의 서문을 다시 펴

들었다. "흉악범죄의 피해자들, 그리고 그 피해자들을 위해 정의를 좇는 사람들에게 존경과 겸손과 열정을 담아 이 책을 바친다."

권일용은 2000년 1월부터 지금까지 묵묵히 같은 길을 걸어왔다. 신부가 되려 했던 10대, 말이 없고 과묵했던 청년, 순경 공채 시험 수험 번호가 444번이었던 경찰, 조직폭력배를 잡으러 다녔던 형사, 다른 경찰이 하지 않은 일에 미래를 건 남자, 딸과 아들의 아버지, 그리고 한 여자의 남편. 그는 7년 1개월 동안 냉혈한들을 분석하는 일을 해왔다. 그 냉혈한들은 다른 피를 가진 인간종이었다. 그것이 그의 직업이었다. 그리고 아직 그 길을 더 걸어야 했다.

에필로그

/\

서초동에 봄비가 왔다. 2018년 3월 8일 목요일. 3월 날씨는 아직 쌀쌀했다. 낮 최고기온이 9.7도였다. 비가 오다가 그쳤다. 교대역 근처 대구탕집에 권일용과 내가 앉아 있다. 오후 6시 30분이 막 지났다. 약속 시간인 7시까지 아직 20여 분이 남았다. 다들 오랜만이었다. 2017년 4월 30일 권일용이 퇴직한 뒤 거의 1년 만이다. 경기남부지방경찰청 과학수사계에 있는 고준채가 문을 열고 들어왔다. "어, 준채야!" 권일용의 목소리가 커졌다.

권일용은 1989년 5월 동국대 앞 장충파출소 게시판에 붙은 수험 번호를 기억했다. 444번. 설마 했는데 자신의 번호가 붙어 있었다. 형사기동대 순경 공채. 동기가 1,700여 명이었다. 1989년 5월에 합격했으니 참 오래 일했다. 만 27년 11개월을 경찰로 일했다. 아직도 경찰 배지를 반납한 게 실감 나지 않는다.

"동작 그만!" 형사 시절 이 말을 자주 했다. 시장에서 칼 들고 싸우던 생선 장수에게도 그랬다. 2017년 퇴직 후 어느 오후 동네를 산책했다. 남자 고교생 몇 명이 한 명을 때리고 있었다. 버릇처럼 외쳤다. "어이, 동작 그만!" 불량한 눈빛으로 남자 고교생들이 쳐다봤다. "아저씨, 뭐예요?"

"나, 경찰…." 말하다 멈췄다. 퇴직한 사실이 떠올랐다. 지금의 그는 그냥 민간인이었다. 경찰 배지가 없는데도 나쁜 짓을 하는 아이들에게 소리친 것은 정의감 때문이 아니었다. 몸에 밴 행위다. 불법행위를 그냥 보고 지나치지 않는 것, 그것이 그의 직업이었다. 마치 하늘에서 비가 내리는 것처럼, 그것은 권일용 자신도 어쩔 수 없는 것이다.

"어머, 선배, 이게 얼마 만이에요?"

대구탕집 안쪽 방문을 열고 긴 머리의 여성이 들어오며 말했다.

"윤희야, 1년 만이지?"

터틀넥 스웨터에 청바지를 입은 김윤희를 권일용이 거의 안다시피 반긴다. 함께 서 있으니, 김윤희의 키가 커서 둘은 큰 차이가 없어 보인다. 권일용은 근황을 물으며 잔에 술을 따랐다. 얼굴을 마주한 지 벌써 1년이 넘었다. 퇴직한 권일용이 공채 1기 프로파일러들과 한잔 기울이기로 해 간만에 모인 날이다.

"고 경사님 만날 때랑은 반기는 모습이 차원이 다른데요?"

내가 권일용 건너편에서 술을 따르는 고준채를 짐짓 놀렸다.

"저야 뭐, 원래 이래요." 고준채가 웃으며 말했다. 2007년 1월 강호순 사건 초기 거의 매일 배차 담당을 했던 초짜 프로파일러는 이제는 베테랑이 됐다. 그 시절 고준채는 권일용을 조수석에 태우고 39번 국도를 달리곤 했다. 그는 지금 경기남부지방경찰청 과학수사계에서 프로파일러로 근무한다. 좋은 프로파일러가 되고자 한 길만 걸어온 지 벌써 11년째다.

"좋은 범죄수사관이 좋은 범죄 프로파일러가 될 가능성이 높다"는 브렌트 터비의 말을 고준채는 입증해냈다. 그는 자신의 저서 《정의롭다면 프로파일러》에 "프로파일러는 영화나 드라마에 나오는 것처럼 조명을 받는 주인공이 아니라 과학적인 방법으로 강력사건의 수사를 그늘에서 보조하는 역할이라는 걸 알려주고 싶어요"라고 썼다. 투철한 정의감이 프로파일러의 필수 요소라는 말도 덧붙였다.

서울지방경찰청 과학수사계 백승경도 터비의 말을 입증한 인물이다. 11년 전 중앙경찰학교를 졸업할 때도 백승경에게는 아직 심리학 연구자의 면모가 남아 있었다. 지금 백승경은 11년 차 베테랑 프로파일러다. 11년 전이나 지금이나 고개를 젖히고 크게 웃는 것은 똑같다고, 권일용은 생각했다.

"내가 바라는 건 정체된 이 문화가 / 거센 바람을 걷으며 앞으로 나가 빛을 발하는 것 / 내가 말하는 걸 기억한 어린아이들이 어서 자라는 것." 힙합가수 피타입의 노래 〈돈키호테〉의 가사다. 권일용과 윤외출이 '말하는 걸 기억한 어린아이들' 가운데 경찰에 남아 있는 1기 프로파일러들은 이제 모두 훌쩍 자랐다. 이미연, 이진숙, 추창우는 정중히 인터뷰를 거절했으나, 그들의 활약은 기사 검색으로 금방 알 수 있다.

경찰 조직을 떠난 공채 1기들도 저마다 자기 삶을 살고 있다. 그들이 하는 일은 지금도 마음을 다루는 일에서 멀지 않다. 김윤희는 지금 배우 겸 드라마 작가다. 작가는 인간의 마음을 다뤄온 오래된 직업이다. 프로파일러와는 마음을 다루는 방식과 목적이 완전히 다르다. 2006년 서울지방경찰청 과학수사계에서 권일용과 함께 근무했던 그녀는 이후 프로파일러로 5년 정도 더 일했다. G20 정상회담 준비 태스크포스, 지구대 등에서도 근무한 경험이 있다. 퇴직 직전 진행한 업무는 경찰관을 위한 정신 건강 프로그램을 만드는 일이었다.

1기 프로파일러들은 채용 당시 그들의 계급조차 내부에서 논쟁의 대상이었다. 질시와 견제를 받기도 했다. 그러나 김윤희가 2013년 10월 경찰을 그만둔 것은 그 때문이 아니었다. "경찰 퇴직은 조직에서의 처우와 개인의 전망 때문은 아니었어요. 저는 심리학을 전공한 프로파일러들 가운데 가장 먼저 경찰 마인드를 이해하게 된 사람일 거예요."

김윤희는 이날 저녁 모임이 있기 한 달 전에 가진 인터뷰에서 이렇게 말했다.

"프로파일링을 하는 동안 범죄자들을 사람과 사람으로 만나면서 선과 악의 구분이 많이 깨지게 됐어요. 악이라는 게 원래부터 존재하는 걸까, 아니면 만들어지는 걸까. 악은 누구에게나 존재하는 건데 그것이 환경에 의해서 커지는 걸까, 아니면 선이었는데 악으로 변하는 걸까." 김윤희는 섬세했다.

인간은 하나의 정보 체계다. 이 정보 체계는 주로 외부로부터 주어져 구성된다. 가정교육, 학교 등이 한 개인에게 모종의 정보 체계를 입히고, 개인은 그 정보 체계에 따라 행동하게 된다. 범죄자는 악의 정보를 체계화하여 받아들인 사람들이다. 사이코패스는 아예 정보 체계 자체가 '악'인 사람들이다. 김윤희는 고통스럽게 자문했다. "기존 정보 체계를 바꾸는 것이 가능한가? '범죄결정론'이 진리인가?" 김윤희는 윤외출과 함께 근무하면서 공연과 전시에 눈을 떴다. 사람을 가장 빠르게 '리셋reset'할 수 있는 정보 체계. 그건 바로 문화와 예술이었다.

"희망을 갖고 있기 때문에 제가 이 직업을 선택한 거거든요. 그러니까 문화 예술이라는 것들이 가장 빠르게 무언가를 바꿀 수 있고, 무의식 속으로 들어갈 수 있다고 생각을 했기 때문에요." 김윤희는 tvN 드라마 〈시그널〉에 보조 작가로 참여했다. 조연으로 잠시 출연하기도 했다. 작중 인물 차수현(김혜수 분)의 별명 "쩜오"는 김윤희 자신의 경찰 시절 별명이었다. 김윤희는 뮤지컬 무대에도 섰다.

"프로파일러가 과연 저한테 맞나 생각했어요. 저는 프로파일러치고 감정이입이 많은 편이었어요. 제게 프로파일러라는 직업은 스트레스를 많이 주는, 감정이입을 너무 많이 요구하는 직업이었어요."

검찰청 진술분석관으로 자리를 옮긴 김경옥은 정중히 인터뷰를 거절했다. 김경옥은 스승인 이수정 교수와 함께 범죄심리학 책도 펴냈다. 그는 계속해서 범죄심리학의 새로운 영역을 개척하고 있다. 정혜정은 법무부에서 재소자들의 심리 프로그램을 담당하고 있다. 범죄를 저지른 사람도 바뀔 수 있다. 교정행정은 이런 전제에서 출발한다. 그가 배우고 학습한 범죄심리학이 여전히 그의 업무를 돕고 있다.

밤 10시가 되기도 전에 다들 취했다. 윤외출은 막 해외 근무를 시작해 이날 자리에 함께하지 못했다. 권일용은 윤외출이 문자를 보내지는 않았는지 연신 휴대전화를 확인했다. 권일용은 2017년 사표를 낼 당시를 떠올렸다. 프로파일러로 발령받은 뒤 거의 매일 밤을 새웠다. 하루는 유치원을 다니던 큰딸이 놀이터에서 혼자 놀고 있는 것을 보았다.

"왜 혼자 놀고 있니?" 권일용이 물었다.

"친구들 다 학원 갔어요." 딸이 말했다.

학원을 다니지 않던 그의 딸은 친구들이 학원에서 돌아올 때까지 혼자 놀이터에서 그네를 타며 기다리고 있었다. 전날 밤을 새운 권일용이 딸의 그네를 밀어주었다.

"며칠 밤을 새우고 집에 갔지만, 그날 제가 아이의 그네를 밀어줬어요. 잊지 못해요, 그 장면을. 일과 직장은 고무공이에요. 가족, 사랑, 친구, 행복, 이런 것들은 유리공이고요. 공놀이를 할 때 고무공은 떨어뜨려도 다시 올라와요. 그런데 가족, 사랑, 행복 이런 건 유리공이라서 한 번만 떨어뜨려도 깨져버리죠. 그걸 그때 생각했어요."

권일용은 여전히 하고 싶은 일이 많다. 현재는 프로파일링을 대중의 삶에 접목하는 방식을 고민 중이다.

내가 바라는 건 정체된 이 문화가

거센 바람을 걸으며 앞으로 나가 빛을 발하는 것

악의 마음을 읽는 자들

내가 말하는 걸 기억한 어린아이들이 어서 자라는 것

노랫말대로 되었다. 2018년 대한민국에는 서른두 명의 프로
파일러가 근무하고 있다.

범인의 마음속으로 걸어 들어가라.

/\

프로파일러와 형사들은 랜턴을 들고
일부러 어두운 곳만 걸어 다니는 사람과 같다.

연쇄살인범이나 연쇄강간범을 만들어내는 가장 강력한 요인은 환상이다.

컴컴한 심해에 흐르는 해류와 같은 무언가…

도대체 어떤 인간이기에 이런 짓을 저지를 수 있었을까?
이 질문에 대한 대답은 때로는 엄청난 고통일 수도 있다.

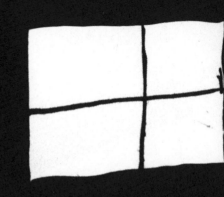

제복은 국민과의 약속이다.
억울하게 생을 마쳐야 했던 피해자들과의 약속이
내 삶의 배수진이었다.
—

권일용

대담

김대두는 시대가 낳은 괴물인가

/\/\/\/\/\/\/\/\/\/\/\/\/\/\/\/\/\/\/

범죄는 자주 엔터테인먼트로 소비된다. 대중이 매스미디어를 통해 범죄를 소비하는 태도는 대부분 두 종류다. 나의 삶과 무관한 신기하고 충격적인 것, 혹은 퍼즐처럼 두뇌로 해결하는 지적인 게임. 이런 태도는 필연적으로 관점의 사각지대를 낳는다. 범죄의 예능화라는 백미러로만 범죄를 바라보면, 범죄 현상을 다 이해할 수 없게 된다. 그 관점의 사각지대에 숨어 우는 건 범죄 피해자들과 유가족이다. 유영철, 강호순, 정남규의 범죄 피해자들은 나의 이웃들이었다.

범죄의 예능화는 연쇄 범죄가 나와 무관한 것이라는 심리에 기반하고 있다. 그러나 지금까지 어떤 범죄학, 진화생물학 연구에서도 연쇄살인, 연쇄강간 등을 저지르는 연쇄 범죄자의 유전자가 따로 존재한다는 결론은 나온 바가 없다. 어쨌든 유영철, 강호순, 정남규는 한국 사회에서 태어난 존재다. 하수구에서 악취가 난다고 고개를 돌려도, 하수구의 냄새는 사라지지 않는다. 그러므로

'왜 냉혈동물이 태어나는가'를 질문해야 한다. 권일용과 내가 이 책을 쓰면서 내내 의식한 질문이다. 권일용은 과거부터 김대두 사건에 관심을 가져왔다. 한국 최초의 근대적 연쇄살인범으로 평가되는 김대두에 대해 2017년 7월 중순 권일용과 대담을 나눴다. 권일용에게 프로파일링은 사회를 이해하는 창이기도 하다. 이 대담에서 권일용과 나는 최초의 연쇄살인범을 낳은 '1970년대'라는 시대를 해석해보려 했다.

김대두 사건은 최초의 연쇄살인 사건으로 칭해진다. 김대두는 1975년 전남, 경기도 등에서 아홉 건의 살인을 저질러 열일곱 명을 살해하고 세 명에게 중상을 입혔다. 그중 한 명은 미수에 그쳤다. 범행 대상은 남녀노소를 가리지 않았다. 주로 교외의 서민 가족이 범죄 피해자였다. 범죄 수법이 끔찍해 주목을 받았다. 상당수 피해자들은 둔기로 난타당해 살해됐다. 프로파일링에서 둔기를 이용한 살해는 분노범죄로 해석된다.

경찰은 제대로 대응하지 못했다. 경찰은 김대두가 저지른 살인미수 피해자로부터 신고를 받고도 제대로 수사를 하지 않았다가 훗날 책임자가 징계를 받았다. 무엇보다 연쇄성 판단을 전혀 하지 못했다. 김대두 사건은 당시 경찰이 이해하기에는 시대를 너무 앞서간 범죄였다. 범인의 검거는 우연히 이뤄졌다. 김대두는 피 묻은 청바지를 세탁소에 맡겼고, 세탁소 주인이 경찰에 신고했다. 체포된 25세 김대두는 폭력전과 2범으로 알려졌다. 가난한 농부의 아들이었고, 초등학교 졸업이 학력의 전부였다. 체격은 왜소했다.

악의 마음을 읽는 자들

〈조선일보〉 1975년 10월 9일 자 보도를 보면, 김대두는 검거 이후 기자들에게 범행 동기에 대해 이렇게 말했다. "교도소에 있다가 사회에 나오니까 할 일도 없고 배운 기술도 없었다. 친척이나 친구들도 전과자라고 해서 냉대를 했다. 남보다 끗발 나게 살고 싶었는데 집에서는 도와줄 형편이 못 돼 일을 저질렀다."

김대두는 1976년 12월 28일에 사형당했다.

당시에도 김대두 사건은 범죄 관련 종사자들에게는 화두였다. 김대두 사건 수사를 지휘했던 한기태 전 총경은(당시 경기도경 수사과장)은 당시 언론 인터뷰에서 '동일범으로 단정하고 수사망을 좁히지 못한 것'을 가장 크게 후회한다고 밝혔다. 경찰의 수사 실패는 어느 정도 이해되는 면이 있다. '연쇄살인'이라는 사회적 현상과 개념 자체가 아직 낯설었다.

〈법률신문〉 1975년 10월 20일 자를 보면, 정신과 의사 백상창은 기고문에서 "(과거의) 이러한 범죄의 분류나 범죄관은 과연 격동하는 20세기의 인간이 저지르게 되는 범죄를 다 설명할 수 있겠는가? …(중략)… (김대두 사건은) 아무런 감정이 있는 것도 아니고 그렇다고 응분의 재물을 취하는 게 목적이었다고 할 수도 없고 그렇다고 정신병자나 정신병질자로서 처리해버리기에는 너무나도 조직적이며 차분한 범행을 저지르게 되었던 것이다"라고 썼다. 당시 한국 범죄학계나 의학계에는 연쇄살인 혹은 범죄심리학 전공자가 없었다. 범죄학 선진국인 미국의 에프비아이가 범죄심리와 연쇄 범죄를 전담하는 행동과학팀을 만든 것이 불과 1972년의 일이다.

권일용(이하 '권') 1970년대 말 총수출액이 1965년도보다 150배가 뛰어요. 지존파나 막가파가 나온 데도 급격한 경제 변화가 중요한 이유로 작용했잖아요. 1970년대 중반은 빈부 격차, 양극화가 극대화됐던 시기라고 봐요.

고나무(이하 '고') 1970년대의 양적인 경제성장은, 아시다시피 엄청났죠. 통계청 자료를 보니 1인당 국민총소득이 1965년 2만 9,000원에서 1975년 29만 5,000원으로 증가했더군요. 2000년대 초에 직장생활을 시작한 저는 감이 오지 않는 성장률이에요.

권 급격한 아노미가 일어났던 시기라고 봐요. 그런 사회적 변화가 김대두가 범죄 동기화되는 데 큰 영향을 주지 않았나 생각합니다. 김대두 사건 보도를 보면, 재물 등 특정한 구체적 목적을 가진 범죄라기보다 사람을 살해하는 데서 느끼는 우월감이 범죄의 목적이라는 느낌이 들어요. 또 김대두에게 자존감 문제가 있었다는 생각도 들고요.

고 저도 김대두 관련 기사를 보면서 느낀 게, 스스로 설정한 가상의 적이랄까, '사회가 나를 이렇게 만들었다'는 '멘탈'을 엿봤습니다. 그것이 극도의 공격성으로 이어졌다는 인상을 받았어요. 자세한 분석을 하기에는 팩트가 많이 부족하긴 합니다만.

권 그게 바로 연쇄살인범들에게서 가장 많이 나오는 방어기제예요. '사회가 나를 이렇게 만들었다'거나 '부모가 원망스럽다' 같은 방어기제죠. 이런 심리가 김대두한테도 있었던 것 같아요. 제가 따로 자료를 구해 검토해보니, 김대두는 어렸을 때 무척 가난해서 농산물을 훔쳐 먹은 적도 있고 심지어 고추 한 근, 이런 걸 몰래 훔치고 그랬

다더군요.

고 극도의 폭력성, 어린 시절의 가난, 지적 능력의 결핍 등을 보면 정남규를 떠올리게 되네요.

권 1976년 12월 30일 자 신문 기사를 보면, 김대두는 사형 집행 직전에 눈물을 흘리면서 "돈만 있으면 모든 일이 다 이루어질 줄 알고 상상도 할 수 없는 끔찍한 일을 저질렀다"고 말한 뒤 잠시 말을 끊었다가 "피해자와 유족들에게 진심으로 사과하며 그동안 돌봐주신 교도관과 목사님께 감사한다"고 간략하게 마지막 말을 마쳤다고 관계관이 전한 것으로 돼 있어요. 그런데 정말로 교화가 됐다고 볼 수 있는지 모르겠어요, 저는.

고 브렌트 터비 저서에도 나오잖아요? 1990년대 말 어떤 연쇄강간범에 대한 자문 의뢰를 받고 터비가 "그가 법정에서 얼마나 후회하는 모습을 보였든, 그가 체포되어 반박할 수 없는 증거가 제시되기 전까지 그는 결코 강간을 멈추지 않았다는 사실을 우리는 알고 있다"라고 말하잖아요. 너무 냉소적인 관점이라고 비판하는 사람도 있겠지만, 저도 터비의 관점에 가깝습니다.

권 저도 김대두를 최초의 근대적 연쇄살인범이라고 보는 입장인데, 이런 범죄의 출현 배경에는 양극화가 있다고 봐요. 무동기 범죄자들은 급격한 양극화로 계층 간 장벽의 두께가 너무 두꺼워져서 '나의 신분이 바뀌지 못한다'는 뒤틀린 좌절감을 갖고 있을 때가 많습니다. 그런데 정작 무동기 범죄자들은 자신처럼 가난한 사람들을 범행 대상으로 택하죠. 김대두도 그렇고 정남규도 그래요. 정남규가 제게 한 이야기 중에 잊히지 않는 대목이 있어요. "그렇게 부자들을 죽이고 싶었다면서 왜 서민들 사는 다세대주택 같은 곳에만 침입했느냐"고 물었더니 "그게 다 못사는 죄다"라고 하더군요.

고　그래서 사이코패스인 거겠죠. 범죄 문제를 취재할수록 연쇄살인범들이 말하는 정의로운 명분이나 합리화를 받아들이기가 힘들어집니다. 그런데 김대두의 시그너처나 MO를 분석하기에는 너무 자료가 부족하죠? 현장에 임장할 수도 없고 김대두를 면담하실 수도 없으니까요.

권　네. 당시 언론 보도와 수사 재판 자료 일부 밖에 못봤지만, 김대두의 시그너처는 가학적인 행동 양식과 둔기를 많이 썼다는 점에서 어느 정도는 추정이 가능해요. 현장 검증 사진들도 보면 대부분 몽둥이를 들고 있는 장면이 많고요. 1990년대 연쇄살인범 정두영 사건도 비슷합니다. 둔기가 사용돼요. 둔기를 사용해 공격했다는 건 굉장한 분노를 의미합니다. 또 둔기 살해 시 공격하는 신체는 두부인 경우가 상당수고요. 사람 죽이려는데 등이나 허리, 다리를 때리지는 않잖아요? 그러니까 둔기 공격은 아주 치명적인 공격 행위라고 봐야 합니다.

고　결국 김대두가 사용한 둔기에 담긴 분노는 가상의 분노, 투사投射로 생성된 분노, 이런 분노겠죠?

권　네, 급격한 경제적 변화가 낳은 병리 현상이랄까. 그거 알아요? 김대두가 자기가 살해한 피해자의 시신에게 하는 모멸적인 말을 적어두기도 했던 거?

고　몰랐습니다. 충격적이네요. 당시 한국에는 프로파일링 개념이 도입되기 한참 전이었으니까 김대두 사건 담당 경찰관들이 제대로 면담을 통한 심리분석을 하지는 않았겠죠?

권 네. 당시 수사팀에서 김대두로부터 진술을 통상 수사 방식대로 받아둔 수준이었던 것 같아요. 다만 제가 따로 입수한 자료들을 보면, 김대두 집안에 급격한 경제적 몰락이 있었던 것 같습니다. 추정에 불과하지만, 그래서 범행의 심리적 배경이라는 측면에서 김대두의 경우 금품이나 성이 목적이 아니라 '단란한 가정을 파괴하는 것'이 범죄의 목적이지 않았을까 추정해봅니다.

고 가정법 질문이지만, 경정님이 만약 당시 김대두 수사팀이었다면 어떤 작업을 하셨을까요? 프로파일링의 일반적 과정을 생각하면 무엇보다 케이스링크, 즉 어떤 사건이 김대두의 동일 범행인지 판단하는 작업을 먼저 하셨을 것 같습니다만.

권 그렇죠. 연관성 분석을 가장 먼저 했을 테고요. 아울러 현장의 가옥 구조와 범죄 피해자들의 공통점 등을 분석했을 겁니다. 김대두 사건 범죄 피해자들이나 그들이 살던 시골집이 다 비슷한 서민 가옥이거든요.

고 김대두를 면담하신다고 가정하면, 제일 묻고 싶은 게 어떤 질문이세요?

권 꼭 김대두뿐만이 아니라, 범죄자 분석 프로세스에서 이 범죄자가 왜 이런 성향을 가지게 됐는지 범행의 동기를 찾기 위해서는 히스토리를 듣는 게 가장 중요합니다. 그래서 제가 늘 물었던 질문들이 있어요. "네게 지금 생각해도 얼굴에 미소를 띠게 되는 즐거운 경험이 있느냐, 있다면 그게 무엇이냐." 이 질문을 하면 대부분의 범죄자들이 답을 못 해요. 그러면 질문을 바꿔요. "그럼 네가 지금 생각해도 기분 나쁘고 화나고 슬픈 일들을 생각해봐라." 그러면 애들이 "뭐부터 얘기할까요?" 이렇게 나와요. 그래서 이 두 가지 질문은 반드시합니다. 범죄자들이 슬픈 일이나 결핍으로 느끼는 게 뭐냐면, 별게아니라 부모님과 외식하고 놀이공원 가는, 그런 평범한 것들이에요. 그런 것들이 너무 부러웠다는 대답이 많았어요. 70에서 80퍼센트 정도 이런 이야기가 나오죠. 미소를 띠게 되는 즐거운 기억이 있냐는질문에는 99퍼센트가 "없다"고 답하고요. 그래서 저는 아이들이 성장하면서 가장 중요한 것은, 그 아이가 보육 시설에서 자라든 양부모 슬하에서 성장하든 그런 것이 중요한 게 아니라, 양육자 또는 보호자들과 아이들 간에 애정 관계가 얼마나 잘 형성되느냐, 대상관계가 얼마나 잘 이루어지느냐가 정말로 중요한 거라고 생각합니다.

고　저도 동의합니다. 친부모라도 아이를 학대하면 친부모라는 게의미가 없죠.

권　그럼요. 그래서 대상과의 애정관계 형성 실패 여부가 범죄심리학에서 중요한 의제가 됩니다. 애정관계 형성에 실패하면 범죄로 연결될 수 있거든요.

고　김대두를 실제 프로파일링한다고 가정하면 아까 그 공통 질문두 개 말고 혹시 다른 질문은 뭘 하셨을까요?

권　그다음으로 중요한 것은 범죄 동기화예요. 김대두가 동기화되는 과정에서 뭔가 자극 요인이 있었을 거예요. 그걸 찾는 질문을 집중적으로 했을 겁니다.

고　당시 언론 보도를 보면 그저 공장을 다녔고 폭력전과가 있었다는 정도만 알리고 있습니다.

권 김대두가 '내가 무언가를 할 수 있는 기회가 박탈됐다'는 감정을 느꼈다는 게 핵심입니다. 문제는 이 감정이 대단히 주관적인 것이라는 점이죠. 심지어 실제로 기회 박탈이 일어나지 않거나 무시당하지 않더라도 이런 감정이 생길 수 있습니다. 솔직히 저 시대에 김대두 같은 가난한 사람들이 얼마나 많았나요? 대다수가 가난했죠. 하지만 대부분의 사람들이 '정상'의 범주에서 해석하고 이해하고 넘어가는 경험에서도 편집증적인 사고를 가진 사람은 심한 박탈감을 느낄 수 있죠. 김대두가 폭력 행위로 구속되고 형사처벌을 받은 경험 속에 김대두의 동기화를 이해할 지표가 될 만한 어떤 요인이 있을지도 모릅니다. 저는 거기에 질문을 집중했을 것이고요.

고 저는 당시 수사를 맡은 한기태 총경의 언론 인터뷰가 재미있더라고요. "좀 더 수사를 잘할 수 있었는데 아쉽다"고 하셨더군요. 특히 동일범 여부 판단, 요즘 프로파일링 용어로 하면 '케이스링크' 혹은 '연쇄성 판단'일 텐데요. 그 판단을 하지 못해서 일찍 잡지 못했다고 후회하셨더군요. 김대두가 총 아홉 건의 범행(피해자는 17명)을 저지르는데, 경찰이 세 번째 범행이 있은 뒤 앞의 두 건과 연관성이 있는지 잠깐 검토하다 결국 개별적인 사건으로 결론을 내렸다는 대목이 눈에 띄었습니다.

권 미국은 1970년대 초중반에 이미 연쇄살인범들이 많이 나와요. 사실 그래서 궁여지책으로 나온 게 프로파일링이죠. 그러나 당시 한국은 여러모로 네트워크도 부족했고 어려움이 있었을 겁니다. 각각의 지방경찰청에 소속된 개별 지역 경찰들이 다른 관할 사건을 공조하기가 어려웠을 거예요.

고　딱 한 명 김대두에게 살해될 뻔하다 살아난 생존자인 골프장 캐디가 경찰에 신고했는데, 경찰이 수사를 제대로 안 했죠. 2018년이라면 당장 해당 지역의 지방경찰청 소속 프로파일러, 일선 경찰서, 본청이 공동 회의를 했을 텐데요.

고　연쇄살인이라는 개념이 사실상 없던 때였죠.

권　없던 시절이죠. 살인 동기로 치정이나 원한 외에 다른 것은 생각지도 않았던 시절이에요. 연쇄살인, 분노에 의한 살인 같은 개념이 없었을 때죠. 돌아가신 형사 최중락(드라마 〈수사반장〉에서 최불암 씨가 연기한 박 반장의 실제 모델이자 1960~1970년대의 수사통) 선배님이 늘 하신 말씀이 "모든 살인 사건에는 피해자가 죽을 만한 이유가 있다. 이걸 찾으면 범인 잡는 거다"였어요. 그런 시절이었죠. 그만큼 과거 한국 사회의 범죄 동기는 뚜렷했다고 볼 수 있습니다. 또 수사망 구성도 어려웠겠지만, 당시 경찰들이 연쇄 범죄임을 '인정'하는 걸 부담스러워한 점도 작용했을 겁니다.

고　지금 경찰들도 연쇄성 판단을 꺼려하는 면이 있지만 과거보다 훨씬 나아졌다고 봅니다. 무엇보다 유영철, 강호순, 정남규 사건 등을 통해 학습을 했으니까요. 김대두를 태어나게 한 1970년대를 어떻게 이해해야 할까요? 김대두가 근대적 의미의 연쇄살인범이라면, 그가 태어난 1970년대는 급격한 양적 경제성장과 양극화를 빼고는 이해하기 어려울 것 같습니다.

권　저한테 다들 "왜 연쇄살인범 같은 괴물이 태어나는가" 하고 묻습니다. 총체적인 답은 여전히, 제가 할 능력이 없어요. 다만 분명한 점은 있습니다. 1960년대나 1970년대 중반까지는 양극화니 뭐니 할 것 없이 대부분 못살았잖아요. 그러다 1970년대 중반부터 급격한 양극화가 이뤄지고, 아이엠에프 구제금융 사태로 극심해졌죠. 아울러 익명성이라는 도시 공간의 특성도 있고요. 미국이나 영국도 1970년대부터 시작된 신자유주의가 사람들을 황폐하게 만들고 있다고 봅니다. 모든 것이 경제적 가치로 환산된, 성과로 판정되는 가치관이 사회를 지배하고 있잖아요. 김대두를 낳은 것도 이런 흐름과 무관하지 않겠죠. 현재도 마찬가집니다.

후기

범죄로 인한 고통의 역사는 되풀이되지 않아야 한다

/\\\\\\\\\\\\\\\\\\\\\\\\\\\\\\\\\\\\\/

권일용

제복은 국민과의 약속이다. 지치고 힘들어도 결코 포기하지 않겠다는 약속이다.

이 책은 약속을 지키고자 노력하는 사람들이 함께한 시간들을 기록한 글이다. 참혹한 범죄 현장에서 고독을 함께 나눈 동료들이 서로에게 빛을 비추어주던, 고뇌의 시간들의 기록이다.

사건 현장의 출입통제선(폴리스라인)은 보기에는 그저 노란색의 통제선일 뿐이지만, 그 선의 안쪽에는 죽음이 존재한다. 선의 안과 밖은 정반대의 기운이 흐르는 곳이다. 그 경계에서 늘 동료들과 함께 있었다.

책을 준비하기 위해 실화 기획사 팩트스토리의 대표인 고나무 작가와 인터뷰를 하고 헤어지면, 나는 늘 과거 그 시간으로 돌아가 있었고 '술시(酒時)'를 핑계로 술을 많이 마셨다. 과거와 현재의 시간을 넘나들며 함께해준 고나무 작가에게 깊이 감사드린다.

프로파일러로 산다는 것은 할 수 있는 말보다 할 수 없는 말이 더 많은 삶을 살아가는 것이다. 가장 먼저 현장에 나가 피해자의 손을 잡아주는 과학수사요원들과 프로파일러들은 자신들의 삶 속에서 늘 타인의 상처를 함께 끌어안고 있다. 그래서 할 수 있는 말보다 할 수 없는 말이 더 많은 삶을 살아간다.

삶의 굴곡을 지나면서 매 순간 용기가 필요했다. 대한민국 경찰에서 처음으로 프로파일러가 된 순간부터 오랫동안 불확실하고 불투명한 미래에 대한 두려움이 머릿속에 가득해 도망갈 길을 찾는 날들이 많았다. 마음속으로 수없이 도망쳤다. 그때마다 나를 그 자리에 있도록 지켜주고 힘을 준 것은 가족과 동료들이었다. 그리고 또 내게 힘을 준 것은 억울하게 죽어간 피해자들과의 약속이었다. 잔인하게 훼손되고 삶이 파괴되어 억울하게 생을 마쳐야 했던 피해자들과의 약속이 내 삶의 배수진이었다.

1989년 8월 5일 대한민국 경찰이 된 이후 형사, 과학수사요원, 프로파일러로 살았다. 약속을 지키기 위해 최선을 다했고 후회 없이 살았다. 그리고 2017년 4월 30일, 제복을 벗고 나의 삶으로 돌아왔다. 마치 길고 긴 어두운 터널을 지나온 느낌이었다. 아직도 수많은 사건의 장면들이 머릿속 곳곳에 없어지지 않는 점처럼 남아 있다. 특히 이 글에 등장하는 피해자와 가족들을 향한, 사건을 미리 막지 못했다는 죄책감은 내게 큰 고통으로 남아 있다.

범죄로 인한 고통의 역사는 되풀이되지 않아야 한다.

이제 28년간의 과학수사 프로파일링을 마음속에 담아놓고 퇴직했지만, 내가 해결하지 못한 사건들은 후배 과학수사요원들과 프로파일러들이 반드시 해결할 것이라 믿는다. 후배들이 지치지 않았으면 좋겠다. 현장에서 느끼는 고독에 지쳐도 포기하지 않길 바란다. 범죄 현장이 어떤 곳인지도 모르는 사람들의 무책임한 평가에 연연하지 말고 꿋꿋이 고독하게 걸어가라. 나는 최초의 프로파일러일 뿐이지 최고는 아니다. 후배들 중에서 반드시 최고의 프로파일러가 나오기를 바란다. 그것이 바로 제복을 입은 사람들이 국민들에게 하는 약속일 터이다.

지금 이 순간에도 현장에 있는 과학수사요원들에게 마음 깊이 감사와 응원을 보낸다.

악의 마음을 읽는 자들

1판 1쇄 펴냄 2018년 9월 28일
1판 33쇄 펴냄 2024년 9월 10일

지은이 권일용 고나무
펴낸이 안지미
일러스트레이션 심래정

펴낸곳 (주)알마
출판등록 2006년 6월 22일 제2013-000266호
주소 04056 서울시 마포구 신촌로4길 5-13, 3층
전화 02.324.3800 판매 02.324.3232 편집
전송 02.324.1144

전자우편 alma@almabook.by-works.com
페이스북 /almabooks
트위터 @alma_books
인스타그램 @alma_books

ISBN 979-11-5992-225-1 03300

알마출판사는 다양한 장르간 협업을 통해 실험적이고 아름다운 책을 펴냅니다.
삶과 세계의 통로, 책book으로 구석구석nook을 잇겠습니다.